내 삶에 교양과 품격을 더하는
명강의를 만나보세요.

_____ 님에게

저자가 직접 소개하는 북터뷰
'**8분 명강**'으로 미리 만나보세요!

한국 정치의 결정적 순간들

한국 정치의 결정적 순간들

**독재부터 촛불까지,
대한민국은 어떻게 만들어졌는가**

서가명강 08

강원택 지음
서울대학교
정치외교학부 교수

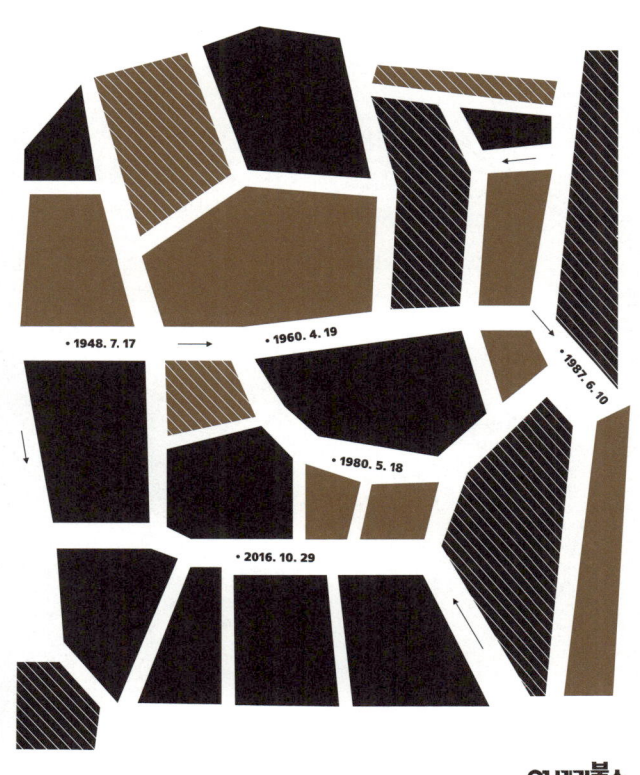

- 1948. 7. 17
- 1960. 4. 19
- 1987. 6. 10
- 1980. 5. 18
- 2016. 10. 29

21세기북스

이 책을 읽기 전에 학문의 분류

인문학
人文學, Humanities

언어학, 역사학, 종교학,
문학, 고고학, 미학, 철학

사회과학
社會科學, Social Science

경영학, 심리학, 법학, 사회학,
외교학, 경제학, 정치학

자연과학
自然科學, Natural Science

과학, 수학, 천문학,
물리학, 생물학,
화학, 의학

공학
工學, Engineering

기계공학, 전기공학, 컴퓨터공학,
재료공학, 건축공학, 산업공학

정치학
政治學,
Politics,
Political Science

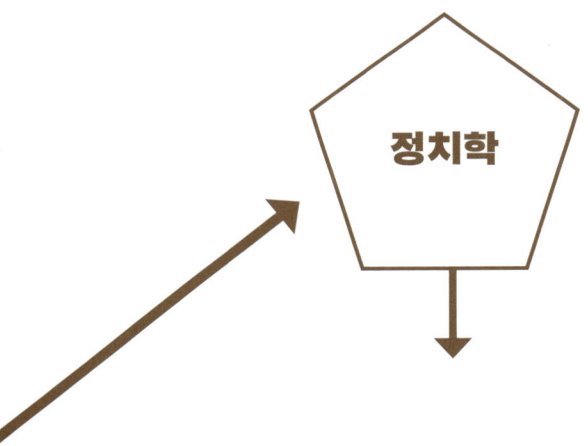

정치학이란?
政治學, Politics, Political Science

정치 현상을 과학적이고 체계적으로 분석 및 비판하는 학문이다. 주로 국가권력을 행사하거나 자원의 획득, 배분을 둘러싼 문제 또는 여러 세력들 간의 갈등과 투쟁 및 타협으로 야기되는 국가 현상을 중심으로 정치사상과 현상을 연구한다. 정치 이론, 정치철학, 정치사상, 정치사, 비교 정치, 정치과정, 국제정치, 행정학, 정책학 등으로 세분화할 수 있다. 한국에서 정치학 연구는 한국의 특수한 정치 현상을 고려하여 체계적이면서 종합적으로 검토되어야 하며, 궁극적으로 한국 정치에 대한 관심과 분석으로 이어진다.

이 책을 읽기 전에 주요 키워드

사사오입 개헌

1954년 11월 29일, 대통령의 3선 제한을 철폐하는 것을 핵심으로 집권당 자유당이 사사오입의 논리를 펼치며 정족수 미달의 헌법 개정안을 불법으로 통과시킨 2차 헌법 개정을 말한다. 국회 표결 결과 찬성이 1표 부족해 135표로 부결되었으나, 여당은 재적 인원 203명의 3분의 2를 반올림하면 135명이 되어 의결 정족수를 충족한다며 헌법 개정안을 통과시켰다.

87년 체제

한국 사회의 현재 모습을 형성하는 데 1987년의 민주화가 중요한 계기가 되었다는 인식에서 만들어진 개념으로, 6월 민주항쟁을 통해 출현한 민주화 이후 민주주의 체제의 복합적 특성을 일컫는 말이기도 하다. 권위주의 체제의 종식과 형식적 민주주의의 제도화를 의미한다.

3당 합당

1990년 1월 22일, 헌정사상 처음으로 여야가 합당하며 한국 정치 지형의 재편에 큰 영향을 끼친 사건이다. 여당인 민주정의당과 야당인 통일민주당, 신민주공화당이 야합하여 지금까지 국내 보수 세력에 큰 영향력을 끼치는 민주자유당이 탄생했다. 당 총재는 노태우 대통령, 사실상 대통령을 대신하여 당 운영을 책임지는 대표 최고위원은 김영삼, 최고위원은 김종필과 박태준이 맡았다. 여소야대 국회에서 사상 첫 여당 72퍼센트의 국회가 되면서 표면적으로 노태우 정권은 절대 다수의 의석을 확보한 여당을 갖게 되었다. 합당을 거부한 김대중의 평화민주당만이 유일한 야당으로 남게 된다.

혼합형 선거제도

다수대표제와 비례대표제를 결합한 형태. 현재 우리나라의 경우, 지역구 후보 단계에서 후보들 간의 경쟁에 의한 결과로 의석 배분이 이루어지면 정당명부 단계에서 지역구 선출 결과와는 별개로 정당별 득표율에 비례하여 비례의석을 배분한다.

정당정치

정당정치는 정당이 정권을 잡고 정치적 실권을 가지는 정치를 말하며, 일반적으로 복수정당제를 전제한다. 각 정당은 정치 과정에서 일반 대중이나 이익집단의 다양한 이해관계를 집약함에 더불어 결집된 의사를 정부에 전달하는 대변자의 역할을 수행한다. 또한 정당은 선거를 통하여 일반 대중의 참여를 조직화하는 한편, 의회뿐만 아니라 정부까지도 장악함으로써 정권 담당의 기능을 수행한다. 따라서 정당정치는 의회정치와 민주정치를 실제로 가능하게 하는 역할을 담당한다고 볼 수 있다.

제왕적 대통령

대통령의 권한이 다른 정부 기관에 비해 상대적으로 막강해 제왕의 지위와 비견됨을 비유적으로 가리키는 말이다. 이 용어는 미국의 역사학자 슐레진저 2세가 1973년 출간한 『제왕적 대통령제(The Imperial Presidency)』에서 처음 사용되었다. 닉슨 행정부의 막강한 권위를 언급하면서 "미국의 대통령은 억제할 수 없을 정도로 헌법에서 제한된 범위를 넘었다"라고 지적했다.

포퓰리즘(populism)

대중을 중시하고 반엘리트적인 관점에서 정치 및 사회 체제의 변화를 주장하는 수사법, 또는 그런 변화로 보통 사람들의 요구와 바람을 대변하려는 정치사상 및 활동을 말한다. 일반적으로 한국 사회에서는 '정책의 현실성이나 가치판단, 옳고 그름 등 본래 목적을 외면하고 대중적 인기에만 영합해 목적을 달성하려는 정치 행태', '인기 영합 주의' 등 부정적 의미로 사용된다.

패권 정당 체제

여러 개의 정당 가운데 압도적인 우위를 차지한 지배 정당이 정치를 주도하는 정당 체제를 말한다. 지배 정당 이외의 정당은 단지 민주적 제도를 포장하는 역할에 그치며, 지배 정당을 견제하거나 지배 정당과 경쟁하는 기능은 가지지 못한다.

차례

이 책을 읽기 전에	학문의 분류	4
주요 키워드		6
들어가는 글	대한민국은 어떻게 만들어졌는가	11

1부 대통령, 한국 정치의 드라마틱한 주인공

대한민국이라는 민주공화국의 탄생	19
한국형 대통령제가 시작되다	44
민주화 이후에도 권력의 중심에 선 대통령	69
대통령제의 위기는 왜 반복되는가	84
Q/A 묻고 답하기	102

2부 선거, 격변을 예고하는 중요한 시그널

한국 정치사를 이끌어온 '선거'의 의미	109
몰락이냐 분열이냐	129
격동의 선거 정치가 만든 굴곡진 현대사	143
더 나은 사회를 위한 선거의 미래	162
Q/A 묻고 답하기	184

3부 정당, 정치의 역사를 쓰다

정당은 왜 필요한가 — 191

좌우로 나뉜 우리 정당의 역사 — 210

위기와 통합의 한국 정치사 — 225

정치 개혁은 정당에서부터 시작된다 — 236

Q/A 묻고 답하기 — 252

4부 민주화, 일상에서 '촛불'을 만나다

분노와 혁명으로 세운 민주화 — 259

"봄은 왔지만 봄 같지 않았다" — 275

여야가 함께 다진 민주화의 초석 — 282

새로운 민주주의와 시민, 그리고 시민사회 — 305

Q/A 묻고 답하기 — 318

나가는 글 우리는 지금 어디에 서 있는가 — 320

주석 — 324

참고문헌 — 325

"근본적인 정치 개혁을 위해서는 한국 정치가 걸어온 길, 정치제도가 갖는 특성에 대한 이해가 필요하다."

들어가는 글

대한민국은 어떻게 만들어졌는가

일상에서 만나는 한국 정치는 결코 유쾌하지 않다. 큰 기대감 속에 선출된 대통령은 얼마 지나고 나면 실망과 원망의 대상으로 바뀌고, 정당이나 정치인들은 눈앞의 정파적 이해관계에 집착한다. 국가적으로 해결해야 할 과제가 산더미처럼 쌓여 있어도 그것들이 해결될 기미는 쉽게 찾아보기 어렵다. 굳건한 정치적 기득권 구조 속에 새로운 정치 세력의 출현 가능성도 커 보이지 않는다. 그래서 시민들은 그들의 답답함을 표출하기 위해 거리로 나선다.

민주화 이후 30여 년의 시간이 지나면서 그래도 예전의 권위주의 시대와는 정치적으로 큰 변화가 생겨났다. 대통령을 욕한다고 누가 잡아가는 것도 아니고 선거에 국가기관이 노골적으로 개입하는 일도 없어졌다. 자유롭고 공정한 선거는 권력을 얻기 위한 유일한 방법이 되었고 여야 간 평화적 정권 교체 역시 일반적인 일이 되었다.

이렇듯 민주화 이후 한국의 민주주의는 나름대로 진전되어왔지만, 오히려 정치에 대한 불만은 더 커졌고 정치를 바꿔야 한다는 정치 개혁에 대한 갈망은 강해졌다. 이제는 30여 년 전 우리가 염원했던 공정한 경쟁, 내 손으로 대통령을 뽑겠다는 절차적 민주주의의 수준을 넘어, 정치가 국민의 요구에 보다 민감하게 반응하고 또 정당과 정치인의 활동에 대해 유권자들이 그 책임을 준엄하게 물을 수 있는 정치 시스템의 마련이 요구되고 있다.

한국 정치에 대한 답답함은 국민의 요구에 귀 기울이지 않아도 선거에서 그에 대한 평가가 제대로 이뤄지지 않는 현재의 정치 구조에서 비롯된 것이다. 지역주의, 이념, 당파성 등 국민을 갈라놓고 줄 세우기 해서 어느 한쪽을 선택하도록 강요하는 현행 정치 구조를 깨뜨리지 않고는 한국 정치의 변화를 기대하기는 어렵다. 일단 당선되고 나면 모든 권력을 다 장악하고 '끼리끼리'의 정치를 펼치는 승자독식의 대통령제 역시 바꿔야 한다.

2016~2017년의 촛불집회는 박근혜 대통령의 무능과 부패로 일어난 것이지만 그것이 그렇게 거대한 집회로 이어질 수 있었던 것은 우리 모두가 정치에 대한 보다 근본적인 변화를 절실하게 원했기 때문이다. 그래서 그 촛불집회를 정파적으로, 이념적으로 편향된 것이라 바라보는 시각은 잘못된 것이다. 그러나 거대한 촛불집회에서의 요구에도 불구하고 우리 정치는 그 이후 전혀 달라지지 않았다. 정치적 변화의 방향에 대해서도 여전히 갈피를 잡지 못하고 있다.

이 책은 이러한 문제의식 속에서 시작되었다. 이제 우리 사회가 한 발짝 더 나아가기 위해서는 근본적인 정치 개혁이 요구되고 있으며, 그러한 새로운 변화를 이뤄내기 위해서는 우리 정치가 걸어온 길, 우리 정치제도가 갖는 특성에 대한 이해가 필요하다는 것을 이 책에서 말하고 싶다.

또 한편으로는 최근 들어 민주주의의 위기 징후가 세계 곳곳에서 나타나고 있다. 의회 민주주의의 롤 모델이었던 영국은 2014년 브렉시트Brexit 국민투표를 거치면서 포퓰리즘, 정당정치의 무능, 정치 양극화 등 여러 가지 문제점을 드러내었고 지금까지도 그 수렁에서 헤어나지 못하고 있다. 미국에서는 포퓰리스트 정치인 도널드 트럼프가 대통령이 되었고, 그로 인한 문제점은 우리도 직접적으로 경험하고 있다. 독일에서 극우 정당이 의회에 진출하는 등 유럽 각국에서 극단주의 정당이나 포퓰리스트 정당의 약진도 나타나고 있다. 우리와 같은 신생 민주주의 국가 중에서 다시 권위주의 체제로 회귀하는 모습도 심심치 않게 찾아볼 수 있다.

이런 모든 현상을 보면 건강한 민주주의를 지속한다는 것이 쉽지 않은 일이며, 끊임없는 성찰과 제도 개선에 대한 노력이 필요하다는 것을 알게 된다. 그러한 점에서도 우리 정치의 모습을 솔직하게 들여다보고 우리가 지금 어디에 서 있고 어디로 가야 하는지 살펴보는 일은 매우 중요하다.

이 책은 서가명강 시리즈에서 진행한 강의 내용에 기초해 있다. 강의 때 만난 참석자들의 진지하고 열정적인 눈빛을 잊을 수가 없다. 새로운 정치에 대한 열망이 담겨져 있기 때문일 것이라고 생각했다. 그동안 내가 쓰고 읽은 다양한 논문과 책을 토대로 강의한 것이라서 일반 학술서적처럼 엄격하게 각주나 참고문헌을 달기가 어려웠다. 직접 인용한 부분을 제외하고는 각주를 달지 않았고, 대신 책 후반에 관련된 참고문헌을 별도로 정리해두었다. 이에 대한 양해를 부탁드린다.

한국 정치를 더 나은 방향으로 개선하고, 민주주의를 공고히 하기 위해서는 우리 정치를 제대로 알아야 한다. 대한민국을 만들어온, 그리고 앞으로 만들어갈 그 길을 독자들과 함께 떠나보고자 한다.

2019년 11월
강원택

1부

대통령,

한국 정치의

드라마틱한
주인공

대통령제와 내각제가 혼합된 한국형 대통령제는 무소불위의 제왕적 대통령을 탄생시켰다. 한국 정치가 행정 위주의 질주에서 멈추기 위해서는 역사적 경험에 기반한 새로운 통치 형태에 관한 논의가 필요하다.

대한민국이라는
민주공화국의 탄생

왕정의 나라에서 공화정의 나라로

정치는 어떠한 시선에서 바라보느냐, 또 어떠한 주제를 중심으로 접근하느냐에 따라 실로 다양한 모습으로 평가된다. 이 때문에 정치를 이야기할 때, 무엇보다 한국 정치를 이야기할 때는 어떠한 관점을 취하느냐에 따라 상이한 해석이 생겨날 수밖에 없다.

그래서 한국 정치에 대한 논의를 시작하기에 앞서 명확히 하고 싶은 바는 어느 한쪽으로도 편향되지 않는, 중립적인 형태로 이야기를 끌고 나갈 것이라는 점이다. 한국 정치가 어떠한 과정을 통해 전개되어왔고, 어떠한 특성이 있으며, 어떠한 문제점을 내포하고 있는지를 객관적으로 함께 고민하는 시간이 되었으면 한다. 이 책에서는 크게 4가지, 즉 대통령, 선거, 정당, 민주화라는 키워드를 통해 한국 정치의 역사에서부터 오늘날의 쟁점에 이르기까지, 한국 정치의 전반을 함께 살펴보고자 한다.

대통령은 우리가 한국 정치를 이야기할 때 무엇보다 가장 먼저 떠올리는 대상이다. 미국의 경우라면 헌법 제정부터 이야기를 시작하게 되겠지만, 우리의 경우는 헌법의 제정이 처음부터 정부 형태와 긴밀하게 연결되어 있었기에 대통령이야말로 한국 정치를 이야기할 때 가장 먼저 짚고 넘어가야 할 주제다.

앞으로 대통령제의 역사와 한국적인 특성 등에 관해 이야기하기에 앞서, 미리 지적하고 싶은 점은 오늘날 대통령제의 모습은 이미 과거에 있었던 대통령제의 여러 가지 특성들이 축적되어 나타난 것이라는 점이다. 오늘날 우리가 바라보는 대통령의 여러 가지 모습은 역사적인 과정을 통해 형성되었다는 것, 즉 어제 없는 오늘은 없다는 것이다. 이러한 이유로 대통령제에 대한 논의는 오늘날의 대통령제에 대한 것이기도 하지만, 한편으로는 1948년부터 지금까지 이어져온 우리의 정치의 변화 과정을 이야기하는 것이기도 하다.

대통령제를 이야기할 때 무엇보다 먼저 살펴봐야 할 부분은 대한민국이 수립되기 이전의 논의다. 조선왕조, 대한제국, 일제의 식민 지배라는 수난의 역사를 거쳐 1919년 3월 1일에는 그 뒤의 역사를 바꾼 만세운동이 일어난다. 3·1 운동은 그렇게 상해임시정부, 한성임시정부, 블라디보스토크의 노령露領임시정부 등이 세워지면서 독립을 위한 본격적인 활동이 시작되는 계기를 마련한다.

이러한 이유 때문에 1948년 제헌헌법에서는 전문에 "유구한 역사와 전통에 빛나는 우리들 대한국민은 기미 삼일운동으로 대한민국을 건립하여 세계에 선포한 위대한 독립정신을 계승하여"라고 규정했다. 이를 이어받은 오늘날의 헌법도 "3·1 운동으로 건립된 대한민국 임시정부의 법통"을 계승한다고 되어 있다.

3·1 운동 직후인 1919년 4월 11일에는 상해에서 대한민국 임시정부가 수립되었다. 주목할 점은 '대한민국'이라는 용어가 '대한민국 임시헌장'이라는 임시정부의 헌법에 처음으로 등장한다는 것이다. 그 명칭을 둘러싸고도 여러 가지 논의가 있었으나 '대한제국'으로 패망했기에 대한이

라는 이름을 통해 잃어버린 나라를 다시 일으켜 세운다는 의미를 담고자 했다. 이렇게 세워진 대한민국 임시헌장은 다음과 같이 시작한다.

제1조 대한민국은 민주공화제로 함.

그런데 여기에서 한 가지 의문이 생긴다. 수천 년 동안 왕조하에 있던 나라에서 돌연 1919년 이후에 공화정을 구상했기 때문이다. 물론 왕정을 복구하려는 움직임이 없지는 않았으나 그러한 움직임은 매우 제한적이었다. 그중 '대동단大同團'이라는 독립운동 단체는 고종의 다섯째 아들인 의친왕義親王 이강李堈을 상해로 탈출시켜 상해임시정부의 지도자로 추대하고자 했으나 만주로 넘어가기 직전 일본 경찰에 붙잡혀 무산되고 말았다.

이 사건 이외에 거의 대부분의 독립운동은 새 나라의 정체를 공화정으로 삼았다. 제대로 나라를 다스리지 못하고 세상의 변화에 둔감해, 결국 나라를 빼앗긴 왕조를 크게 불신했기 때문일 것이다. 한편으로는 1911년 청나라를 무너뜨리고 중화민국을 세운 쑨원孫文의 신해혁명이 당시 지성

인들이나 독립운동 지도자들에게 많은 영향을 미친 것으로 보인다. 이제는 공화국의 시대라는 것을 많은 이들이 받아들이게 된 것이다.

정부 형태에 진통을 겪다

상해의 대한민국 임시정부는 처음 '국무총리제'를 채택하는데, 이승만이 임시정부의 국무총리로 선정되었다. 그러나 이승만은 미국에 머물러 있었기 때문에 국무총리 대리이며 내무총장인 안창호가 상해임시정부를 이끌었다. 하지만 이후 국무총리제였던 임시정부의 통치 형태는 얼마 지나지 않아 대통령제로 바뀌는데, 이승만이 대통령제를 강하게 원했기 때문이었다. 이승만은 한성임시정부에서도 집정관총재로 선임되었고, 이때 국무총리총재로는 이동휘가 선임되었다.

이승만은 대외 활동을 하면서 상해임시정부의 국무총리 대신 집정관총재를 'President'로 번역하여 사용했다. 결국 상해임시정부는 이승만의 요구를 받아들여 국무총리를 정부 수반으로 하던 통치 형태로부터 9월 11일 '임시 대통령'을 두는 대통령제로 정체를 바꾸게 되었다.

제11조 임시대통령은 국가를 대표하고 정무를 총감하며 법률을 공포함.

이에 따라 1919~1925년 시기에는 임시정부의 정체가 대통령제로 바뀌게 된다. 여기에는 임시의정원과 국무원이 있었으며, 국무원의 역할 또한 법으로서 규정한다.

제37조 국무총리와 각부총장과 노동국총판을 국무원이라 칭하며 임시대통령을 보좌하며 법률 급(及) 명령에 의하여 주관행정사무를 집행함.
제39조 국무원은 임시대통령이 법률안을 제출하거나 법률을 공포하거나 혹은 명령을 발포할 시에 반드시 차(此)에 부서(副書)함.

이 내용은 후에 살펴볼 제헌헌법에서 논의되었던 내용과 크게 다르지 않다는 점에서 주목할 만하다. 앞서 이야기했듯이 한성임시정부에는 국무총리총재라는 직이 있었는데, 상해임시정부에서도 대통령과 별도로 국무총리를 두었다. 대통령의 법률안 공포에 관계 장관인 국무원이 부서하도록 한 것도 오늘날과 비슷한 모습이다. 정부 형태의 변화뿐만 아니라 상해임시정부, 한성임시정부, 노령임시정부가 9월 6일 하나로 통합을 했다는 점에서 당시 헌법 개정은 큰 의미를 지닌다. 현재 우리가 상해임시정부에 상당한 정통성을 부여하고 있는 여러 가지 이유 중의 하나가 이때의 통합과도 관련이 있다.

이후 1925년 4월 7일 대한민국 임시헌법은 다시 개정되어 '국무령제'로 바뀐다. 1919년 9월 이승만의 주장에 따라 대통령제로 개정되었지만, 1919~1925년 사이에 이승만은 겨우 6개월 정도 상해에 머물렀을 뿐이다. 또한 미주 지역의 독립운동 자금이 이승만의 외교 활동비로 집행되면서 송금이 제대로 이뤄지지 못한 것이 임시정부 측과 갈등을 빚게 되었고, 과거 이승만이 미국의 우드로 윌슨(Woodrow Wilson) 대통령에게 한국을 위임 통치해달라는 청원서를 보냈던 것도 논란이 되었다. 이 때문에 1925년 3월 이승만에 대한 탄핵안이 임시의정원에서 통과되었다. 그 이후 4월 7일 개헌을 통해 정부 형태는 내각책임제로 바뀌게 된다.

이번의 개헌은 대통령 없이 국무령과 5인 이상 10인 이내의 국무원이 국무회의를 구성하며, 국무령이 집행부가 되어 임시의정원, 즉 의회에 대해 책임을 갖는 형태였다.

> 제4조 임시정부는 국무령(國務領)과 국무원(國務員)으로 조직한 국무회의의 결정으로 행정과 사법을 통판함. 국무원은 10인 이내 5인 이상으로 함.
> 제5조 국무령은 국무회의를 대표하여 그 결정을 집행 우(又)는 집행케 하고 임시의정원에 대하여 책임을 부함.
> 제6조 국무원은 국무회의의 일원으로 일체 국무를 의정함.
> 제7조 법률을 공포하며 명령을 발하며 법안을 제출하며 기타 중요문건을 발할 때는 국무령과 국무원의 연서로 함.

이러한 국무령제는 1927년 다시 개정되었다. 1927년 4월 11일 시행된 대한민국 임시약헌에 의해 이제 정부 형태는 '국무위원회제'로 바뀐다. 1925년 국무령제로 개정된 이후 내부의 분열과 대립이 계속되어 새로운 지도 체제를 구상하게 된 것이다. 국무위원회제는 1927년 이후 1940년까지 이어지는데 이렇게 오래 유지된 것은 당시 임시정부가 1930년 이후 만주사변을 비롯해 여러 가지 국내외적 상황이 어려워짐에 따라 정처 없이 떠돌게 된 것과 연관이 있다.

대한민국 임시약헌에서는 대통령이나 국무령 등의 수반을 없애고 회의체 방식의 지도 체제인 국무회의를 두었다. 국무회의는 주석 1인을 국무위원이 호선하게 했는데, 주석이라고 해서 별도의 특권을 부여하는 것이 아니라 회의를 주재하는 정도의 역할만 담당하도록 했다. 국무위원들이 집단 지도적인 형태로 끌고 가도록 한 것이다.

> 제28조 임시정부는 국무위원으로 조직한 국무회의의 의결로 국무를 총판함. 국무위원은 5인 이상 11인으로 함.
> 제29조 국무회의는 그 결정을 집행 또는 집행케 하고 임시의정원에 대하야 책임을 짐.
> 제36조 국무회의는 그 주석 1인을 국무위원이 호선함.

그 이후 중일전쟁, 제2차 세계대전 등 국제 정세가 급변하면서 임시정부의 내부 조직도 변화할 필요성이 대두되었다. 이에 따라 1940년 10월 9일 개정된 대한민국 임시약헌에 의해 정부 형태는 '주석제'로 바뀐다. 이때부터 국무위원회는 주석과 국무위원으로 구성되는데, 주석, 국무위원은 임시의정원에서 선임하며 임시의정원에 대해 책임을 지게 했다. 이전의 임시약헌에서 주석은 호선했지만 1940년 개정된 임시약헌에서 주석은 임시의정원에서 3년 임기로 선출하도록 했으며, 임시정부를 대표할 뿐 아니라 국군을 통솔하는 등 주석에게 강화된 권한을 부여했다.

> 제27조 국무위원회의 주석의 직권은 다음과 같다.
> 1. 국무위원회를 소집한다.
> 2. 국무위원회의 회의 시에 주석이 된다.
> 3. 임시정부를 대표한다.
> 4. 국군을 통감한다.
> 5. 국무위원의 부서로 법률을 공포하고 명령을 발한다.

이러한 정부 형태는 1944년 4월 22일 대한민국 임시헌장의 제정을 통해 개정되었다. 전쟁 상황에 대한 고려도 있었겠지만 그 무렵 김원봉의 조선민족혁명당과 김구의 한국독립당(한독당) 간의 좌우 합작이 이뤄졌기 때문에 통치구조의 변화도 필요했다.

이때 만들어진 임시헌장은 해방 이후에도 상당한 영향을 미친다. 주석과 국무위원으로 조직한 국무위원회가 임시정부를 이끌도록 했는데 국무위원은 8인 이상 14인 이내로 했으며 부주석도 두었다. 여기서 눈길을 끄는 것은 '불신임'과 '신임'이라는 표현이다. 주석제이지만 불신임 투표를 가능하게 했는데, 내각제적 특성을 여기에서도 확인할 수 있다.

> 제18조 임시의정원은 국무위원회 주석 부주석급 국무위원이 실직위법 또는 내란 외환 등 범죄 행위가 있거나 혹은 신임할 수 없다고 인정할 때에는 탄핵안 혹은 불신임안을 제출하여 탄핵안이 통과되면 그를 면직하고 불신임안이 통과되면 그가 자행 사직함.

또한 국무위원회는 법률이나 명령, 그리고 제안에 관한 사항뿐만 아니라 예산 결산, 예산 초과 및 예산 외 지출 또한 모두 의결하게 하고 있다. 이는 오늘날로 치면 정부가 법률을 제안할 수도 있고, 예산안을 제출할 수도 있는 것과 같다. 국무위원회의 기능 중에서 주목해야 할 또 다른 점은 '복국復國과 건국建國의 방책을 의결'한다는 것이다. '복국'이란 국권 회복의 과정을, '건국'은 정식으로 정부를 수립하는 것을 말한다. 그 이전까지는 이러한 기능이 부여되지 않았다. 전쟁의 종말이 임박했고 해방이 멀지 않았음을 고려한 것으로 보인다.

제30조 국무위원회의 직권은 아래와 같다.
1. 복국과 건국의 방책을 의결함.
2. 법률 명령 급(及) 제안에 관한 사항을 의결함.
3. 예산 결산 예산 초과 급(及) 예산 외 지출을 의결함.
(이하 생략)

이처럼 임시정부 시기에는 국무총리제, 대통령제, 국무령제, 국무위원회제, 주석제 등 다양한 정부 형태가 시도되었다. 그런데 임시정부의 기본 정체는 어떤 형태를 취했다고 해도 임시의정원이 행정 권력을 견제하도록 하는 제도적 장치는 마련하고 있었다. 그런 점에서 대통령제보다는 내각제적 요소가 보다 강했거나 혼합형적 특성을 지녔다고 할 수 있다. 임시정부를 구성하는 제한된 인물들 중에서 입법과 행정의 영역을 나눠야 했기 때문일 것이다.

주목할 점은 국무회의, 국무총리, 대통령, 국무위원의

부서^{副署}, 법률안과 예산안의 제안 등 오늘날 우리의 통치 구조에서 찾아볼 수 있는 용어나 기능을 임시정부 시기의 정부 형태에서 찾아볼 수 있다는 것이다. 이러한 임시정부에서의 논의는 해방 이후 통치 구조 논의 과정에도 지대한 영향을 미치게 된다.

혼합된 정부 형태의 탄생

해방 이후 여러 가지 헌법안이 논의되었는데, 그중 행정연구위원회의 역할에 주목할 만하다. 임시정부의 내무부장이었던 신익희를 중심으로 70여 명의 고등 문관 출신의 법률 전문가들로 조직된 행정연구위원회는 임시정부의 산하 기관으로 구성되어 새로운 국가의 통치 형태와 정부 조직을 연구하는 역할을 했다.

행정연구위원회에서 1946년 3월에 마련한 '한국헌법'은 정부 형태와 관련해 이후 제헌헌법 제정 과정에 영향을 미쳤다. 구체적인 안을 보면 먼저 대통령과 부통령은 임기가 6년이고 동시에 국민이 직접선거로 선출하도록 했다. 이때 국무총리는 대통령이 임명하지만, 국무위원은 국무총리의 추천으로 대통령이 임명하도록 했다.

국회는 양원제로 하원인 대의원과 상원인 참의원으로 구성되도록 했으며, 내각은 총리와 국무위원으로 구성되고, 의결기관으로서 국가 운영과 관련된 중요 사항을 결정하도록 했다. 내각은 이때부터 '의결기관'으로서 상당 기간 동안 유지되었는데 1961년 5월 16일 군사 쿠데타 이후인 제3공화국 헌법에서 '심의기관'으로 역할이 약화되었다. 이는 우리나라 대통령제의 진전과 관련한 매우 중요한 변화 중의 하나다.

또한 내각회의 의장은 총리인데, 내각은 의회에 책임을 지고, 의회는 내각을 불신임한다. 그리고 정부는 법률안 제출권을 갖도록 했다. 이러한 점을 모두 고려할 때 행정연구위원회 안은 내각제를 기본으로 하는 혼합형 정체에 가깝다고 할 수 있다.

다음으로 '남조선대한국민대표민주의원(민주의원)'의 안이 있었다. 1945년 12월 모스크바 3상회의에 따라 결정된 신탁통치에 가장 격렬한 반대를 가한 것은 김구 등 임시정부 지도자들이었다. 김구는 임시정부 내무부장인 신익희의 이름으로 미군정에서 일하고 있는 한국의 노동자, 경찰, 상인 들은 파업하라는 포고를 내리기도 했다.

그러나 이는 북한을 간접적으로 지배하던 소련과 달리 남한을 직접적으로 지배하고 있던 미군정 입장에서는 마치 쿠데타와 다름없는 행동이었다. 미군정은 자신들 이외의 어떠한 형태의 권력기관도 허용하지 않았기 때문이다. 임시정부의 지도자들이 모두 개인 자격으로 귀국하게 된 것도 이 때문이었다. 그런데 이러한 상황에서 김구가 반탁과 관련한 포고령을 내리자, 이후 이들의 관계는 매우 껄끄러워질 수밖에 없었다.

신탁통치는 좌익과 우익 간의 이념적 대립이 본격화되는 계기를 마련했다. 또 한편으로는 우파 진영 내에서 반탁의 움직임을 통해 정치적인 경쟁자들이 하나의 틀 안에 모이는 계기를 마련했다. 이승만과 김구를 포함해 임시정부 측 주최로 과도 정부 수립을 목적으로 한 비상국민회의가 1946년 2월 소집되었다. 이러한 상황에서 미군정 사령관 존 하지$^{Jhon\ R.\ Hodge}$는 이들을 자신의 영향력 아래 두고자 자문기관으로서 민주의원을 설치한다.

여기에는 김붕준, 조소앙, 조완구 등 임시정부 출신의 인사들도 참여했는데, 특히 조소앙은 임시정부 때 헌법의 기초를 비롯해 임시정부의 정체에 대한 이론정립 및 대외

홍보 전반에 주역으로 활약한 인물이었다. 임시정부 출신의 독립운동가들이 참여했다는 것은 곧 임시정부에서 논의했던 권력 구조나 헌법에 대한 논의들이 상당히 영향을 미쳤을 것임을 의미했다.

민주의원 안에서는 대통령을 의회에서 선출하고, 국가 수반과 행정 수반을 이원화했다. 국무회의는 일반 국책과 정무 관련 심의를 의결하는 의결기관이며, 대통령이 의장이 된다. 이와 구분되는 행정회의는 지금으로 보면 장관들이 모이는 것으로, 행정 각부 주요 정무의 기획 및 연락을 담당하며 국무총리가 의장이 된다. 즉 행정회의는 실무적인 논의를 하며, 국무회의는 말 그대로 나라의 정무를 다루는 회의인 것이다.

국무총리 및 국무원은 대통령의 추천으로 의회에서 선출하도록 했으며, 내각은 의결기관이었다. 행정부는 의회의 신임에 좌우되며 의회는 국무총리 및 행정 각부 총장에 대한 불신임을 의결할 수 있도록 했다. 또한 대통령이 법률안 제출권과 의회 소집 및 해산의 권한을 갖도록 했다. 이 안 역시 내각제에 가까운 혼합형 체제라고 할 수 있다.

한편 1946년 5월 6일 제1차 미소공동위원회가 무기 휴회에 들어가자 미군정은 여운형과 김규식을 중심으로 좌우 합작을 추진했고 이를 토대로 1946년 8월 24일 일종의 대의입법기관인 남조선과도입법의원을 창설했다. 하지만 여운형이 탈퇴함으로써 우파와 중도파를 중심으로 선거를 통해 45명은 간접 민선民選으로, 45명은 하지 중장의 임명을 통한 관선官選의 방식으로 총 90여 명이 입법의원으로 선출되었다. 입법기관이라고 하지만 미군정의 동의 없이는 효력을 가질 수 없었기 때문에 그 역할은 상당히 제한적이었다. 그러나 입법의원 내부에서는 여러 가지 안건에 대해 다양한 논의가 이뤄졌으며 1947년 8월 6일에는 입법의원의 헌법안인 조선임시약헌이 의결되었다.

정부 주석, 즉 대통령과 부주석은 국민의 직접선거로 선출하며 임기는 4년이다. 국무총장은 행정부를 이끌며 국무회의 의장으로서 행정을 통할하고 의회를 인준한다. 주석은 국무총장의 추천에 의해 국무위원 중에서 행정 각 부장을 임명하며 의회를 인준한다. 여기에서도 국무회의는 의결기관이다. 그런데 주목할 점은 정부 주석이 서명한 법률 등의 주요 문서에는 국무총장 및 각부 총장, 각 국무위원 또는 주무 행정장관이 부서해야 하며, 부서로서 입법의원에 대해 책임을 진다는 내용이 포함되어 있는 것이다. 이는 오늘날에도 마찬가지다. 대통령이 임명한 법안에 대해서는 국무총리와 관계 장관이 부서한다고 되어 있다.

또한 정부 주석은 법률안 제출권과 법률안 거부권을 갖는데, 의회 해산권과 내각 불신임권에 대한 규정은 없다. 이는 완전한 형태의 대통령제도 아니고, 완전한 형태의 내각제도 아닌, 두 가지가 혼합된 형태인 것이다. 조선임시약헌의 초안이었던 남조선과도약헌에서는 내각제적 속성이 보다 두드러졌으나 최종적으로 여기에서는 대통령제와 내각제가 혼합된 특성이 강화되었다. 그러나 조선임시약헌은 미군정의 인준을 받지 못해 폐기되고 말았다.

이처럼 1948년 이전에도 임시정부 시기에서나 해방 공간에서 정부 형태에 대한 다양한 논의가 이뤄져 왔다. 전체적으로 본다면 내각제적 특성이 강하면서도 대통령제와 혼합된 정부 형태가 많이 채택되었다. 우리는 1948년 5월 10일 제1대 국회의원 선거에 김구 등 임시정부를 이끌었던 한독당의 다수가 참여하지 않았기 때문에 그 이후의 정치는 임시정부와 단절된 것이라고 생각하기 쉽다. 하지만 사실 임시정부 인사들은 해방 공간에서 중요한 역할을 했고 국가 건설을 위한 논의에도 큰 영향을 미쳤다.

대한민국 헌법의 제정

1948년 총선거로 제헌국회가 만들어지고 난 이후 가장 시급히 처리해야 할 문제가 헌법의 제정이었다. 이에 따라 헌법기초위원회가 설립되었다. 제헌 과정에서 유진오는 특히 중요한 역할을 했던 인물 중 하나로 행정연구위원회와 같이 내각제에 기초한 헌법안을 마련했다. 유진오는 회고록에서 남조선과도입법의원의 조선임시약헌, 대한민국건국강령, 민주의원 헌법안 등 다양한 자료를 참고했다고 했다. 제헌국회에서의 정부 형태에 대한 논의가 이전에 이뤄졌던 논의와 연관되어 있음을 보여주는 것이다.

헌법기초위원회는 '유진오·행정연구위원회 공동안'을 원안으로 하고 권승렬 안을 참고안으로 하여 헌법 초안을 작성하기로 하는데, 이 두 안은 모두 내각제를 전제하고 있었다. 국회 본회의에 상정할 헌법 초안은 6월 22일까지 모두 16차례의 회의에서 논의를 거듭한 끝에 최종적으로 마무리됐다.

헌법기초위원회는 만장일치로 내각제를 통치 형태로

채택하는데, 이는 당시 전국적인 명성을 얻은 인물은 없었지만 국회 내 다수파를 형성할 수 있었던 '한국민주당(한민당)'이 선호하는 통치 형태였다. 대통령은 국회 양원 합동회의에서 선출하는 최고 지도자로서, 국무 전반에 대한 권한은 총리가 이끄는 내각이 갖도록 했다. 대통령이 행정권의 수반이기는 하지만 내각이 국무 전반에 관한 의결권을 가졌으며, 내각은 국무총리와 국무위원으로 구성된 합의체로 두었다.

내각회의의 의장은 국무총리이며, 국무위원은 국무총리의 제청으로 대통령이 임명하도록 했다. 국회는 참의원, 민의원의 양원제였으며 민의원은 내각이나 국무위원에 대한 불신임을 할 수 있도록 했다. 하지만 국무총리는 대통령이 임명하고 민의원의 승인을 받도록 했다. 대통령에게 총리 임명의 권한을 부여했지만 헌법기초위원회에서 마련한 정부 형태는 결국 내각제였다.

이러한 상황에서 이승만은 줄곧 대통령제를 주장했다. 해방 공간에서 이승만의 인기는 타의 추종을 불허했다. 더욱이 김구가 단독정부 수립에 반대하며 선거에 참여하지 않자 이승만은 유일한 전국적인 지도자로 자리매김했다.

이승만은 6월 21일 국회 본회의 16차 회의에서 전원위원회 개최를 주장했지만, 그 제안은 재적 175명 중 가 12표, 부 130표로 부결되었다.

그러자 이승만은 헌법 초안이 국회 본회의에 상정되기 이틀 전 21일 오후 내각책임제 헌법하에서는 "어떠한 지위에도 취임하지 않고 민간에 남아서 국민운동을 하겠다"고 선언했다. 이것은 심각한 정치적 협박이었다. 당시 이승만이 국민들 사이에서 지니고 있던 정치적 권위와 영향력을 고려할 때 이승만이 빠진 새 정부의 출범은 상상하기 어려운 것이었다.

좌파는 물론 김구 등 민족주의 우파, 김규식 등의 중도파가 단독 정부 수립에 불참한 상황에서 이승만마저 참여를 거부한다면 정치적 정당성의 면에서 심각한 한계를 지닐 수밖에 없었다. 이 때문에 한민당 측은 이승만의 요구를 받아들이기로 하고 인촌 김성수의 집에 모여 내각제로 되어 있는 헌법의 초안을 대통령제로 수정했다. 하지만 그렇게 해서 만들어진 수정안은 순수한 의미의 대통령제가 아니었다. 수정된 헌법은 대통령제와 내각제의 혼합형적 특성을 보였다.

대통령이 법률안 거부권을 행사할 수 있게 했고, 내각제적 요소인 대통령의 국회 해산권과 국회의 국무원 불신임 권한은 삭제했다. 대통령의 임기는 5년에서 4년으로 줄였고 중임을 허용했다. 대통령과 부통령은 각각 국회에서 선출하도록 했으며, 국무원은 대통령과 국무총리 기타의 국무위원으로 조직되는 합의체로서 대통령의 권한에 속한 중요 국책을 의결하도록 했다.

제55조 대통령과 부통령의 임기는 4년으로 한다. 단, 재선에 의하여 1차 중임할 수 있다.
제68조 국무원은 대통령과 국무총리 기타의 국무위원으로 조직되는 합의체로서 대통령의 권한에 속한 중요 국책을 의결한다.

또한 국무위원은 대통령이 임명하고, 행정 각부 장관 또한 국무위원 중에서 대통령이 임명하도록 했다. 국무총리는 대통령이 임명하고 국회의 승인을 얻어야 한다. 그리고 대통령의 국무에 관한 행위는 문서로 하며 모든 문서에는 국무총리와 관계 국무위원의 부서가 있어야 한다고 명시하고 있는데, 이 또한 1944년 대한민국 임시헌장과 같으며 이는 오늘날까지도 유지되고 있는 규정이다.

> 제69조 국무총리는 대통령이 임명하고 국회의 승인을 얻어야 한다. 국회의원 총선거 후 신국회가 개회되었을 때에는 국무총리 임명에 대한 승인을 다시 얻어야 한다. 국무위원은 대통령이 임명한다.
> 제73조 행정각부장관은 국무위원 중에서 대통령이 임명한다. 국무총리는 대통령의 명을 승하여 행정각부장관을 통리감독하며 행정각부에 분담되지 아니한 행정사무를 담임한다.

내각제적인 특성 또한 곳곳에 있는데, 국무총리, 국무위원과 정부위원은 국회에 출석해 의견을 진술하고 질문에 응답할 수 있으며 국회의 요구가 있을 때에는 출석 답변해야 한다는 규정이 그것이다. 국회의원과 정부는 예산안, 법률안을 제출할 수 있으며, 대통령과 부통령은 국회에서 선출하도록 했다. 국회의원과 국무위원의 겸직 금지에 관한 명문화된 규정이 없었기에 현직 의원이 장관이 될 수도 있었다.

제39조 국회의원과 정부는 법률안을 제출할 수 있다.

제44조 국무총리, 국무위원과 정부위원은 국회에 출석하여 의견을 진술하고 질문에 응답할 수 있으며 국회의 요구가 있을 때에는 출석답변하여야 한다.

제53조 대통령과 부통령은 국회에서 무기명투표로써 각각 선거한다.

제66조 대통령의 국무에 관한 행위는 문서로 하여야 하며 모든 문서에는 국무총리와 관계국무위원의 부서가 있어야 한다. 군사에 관한 것도 또한 같다.

이승만의 강력한 반대에 부딪힌 한민당 세력은 김성수의 집에 모여 내각제에 기초해 있던 헌법안을 김준연 등이 30분 만에 수정했다고 한다. 물론 그 뒤 헌법 전문가인 유진오에게 검토를 요청하기는 했다. 그런데 여기에서 한 가지 의문이 생긴다. 어떻게 30분 만에 헌법안을 고쳐낼 수 있었을까?

임시정부 시기, 특히 1945~1948년 시기에는 헌법 구조와 관련된 다양한 논의가 있었고, 당시 적지 않은 정치인들이 그러한 논의에 관심을 갖고 참여했을 것이다. 이 때문에 한민당계 정치 엘리트들 사이에는 정부 형태에 대한 전반적인 공감대가 존재했을 것이다. 그렇지 않다면 한민당은 아마도 이승만이 반대했을 때를 대비해서 대략적으로라도 플랜 B를 미리 만들어놓은 것이 아닐까? 그렇지 않고 헌법을 30분 만에 수정했다는 것은 상식적으로 납득하기 어려운 일이다.

이처럼 한국의 대통령제는 미국과는 전혀 다른 정치적 고려와 과정 속에서 만들어졌다. 그 특징도 미국형의 순수 대통령제라기보다는 대통령제와 내각제가 혼합된 것이었다. 그 직접적 원인은 한민당이 주도한 헌법기초위원회와 이승만 간의 대립과 타협 때문이었지만, 앞서 살펴본 대로, 임시정부 시기, 그리고 해방 공간에서의 헌법 구상에서도 혼합형의 특성을 갖는 통치기구가 제시되었다. 1948년 헌법 제정의 논의 과정에 그 이전 시기의 통치 형태에 대한 고민이 반영되었던 것이다. 이러한 과정을 거쳐 한국의 대통령제가 만들어졌다.

한국형 대통령제가
시작되다

대통령제 vs. 내각제

대통령제와 내각제의 차이를 간략히 살펴보자. 대통령제의 대표적 국가는 미국이다. 물론 대통령제라고 해도 세계 각국에는 다양한 종류의 대통령제가 있기 때문에 미국을 대통령제의 절대적 기준으로 삼을 수는 없다.

미국의 헌법 제정자들은 정치 권력 자체를 불신했다. 사람이 아무리 양심적이고 선의를 가지고 있다고 해도 권력은 그렇지 않다는 것이다. 따라서 권력은 나눠야 하고 나눠진 권력 간의 견제를 통해 균형이 유지되어야 개인의 생명, 재산, 자유가 보호받을 수 있다는 것이다. 그래서 미국 대통령제는 기본적으로 권력에 대한 불신에서부터 출발한다고 볼 수 있다. 권력을 입법부, 행정부, 사법부 세 개로 나누고 서로를 견제하도록 하여 균형을 맞추도록 했다. 견제와 균형checks and balances은 미국 대통령제에서 매우 중요한 원칙이다.

권력을 세 개의 기구로 나눈 것에 더해, 특정한 시기의 정치적 '바람'에 의해 어느 한 정파가 모든 권력을 장악하지 못하도록 여러 가지 장치를 마련해두었다. 예컨대 대통령 임기는 4년, 하원의원 임기는 2년, 상원의원 임기는 6년으로 서로 다르게 하고, 상원의원은 2년마다 전체 의석 중 3분의 1씩을 새로이 뽑도록 했다. 그렇지 않고 임기를 똑같이 해서 비슷한 시기에 선거하게 될 경우, 선거 때의 정치 분위기에 휩쓸려 한 정파가 상원, 하원, 대통령 모두를 장악할 가능성이 생기기 때문이다.

이처럼 미국에서는 수평적 차원에서 행정부, 입법부, 사법부로 나눈 것 이외에도 연방과 주州라고 하는 수직적 차원에서도 권력을 나누도록 했다. 사실 미국이 독립하던 당시 어떠한 연방제를 취할 것인가를 두고 논란이 있었다. 연방 정부에게 어느 정도의 강한 권한을 부여할 것인가 하는 것이 쟁점이었다.

인구가 적은 주는 인구가 많은 주의 보다 큰 영향력을 걱정할 수밖에 없었다. 예컨대 인구가 많은 주는 농업이 주 산업이고 인구가 적은 주는 상공업이 주 산업인데, 인구가 많은 몇 개의 주가 자기의 이익을 위해 일방적으로 보호주의를 추진하게 되면 이는 인구가 적은 주의 이해관계와 배치될 수밖에 없다.

이러한 문제는 코네티컷 타협Conneticut Compromise 혹은 대타협Great Compromise이라고 하는 합의에 의해 해결되었다. 주별 인구의 차이로 인한 정치적 대표성의 차별을 해소하는 한 방편으로 상원의원의 수는 인구와 무관하게 모두 2명으로 동일하게 선출하도록 했다. 그리고 상원과 하원이 동등한 권한을 갖도록 했다. 이는 인구 대표성에 기초한 하원에서 어떤 법안이 통과되더라도, 상원에서 작은 주들이 힘을 합치면 인구가 큰 주의 전횡을 막을 수 있도록 한 것이다. 이와 같은 견제와 균형, 이것이 미국의 시스템을 이루는 기저다.

미국 대통령제가 이러한 특성을 기반으로 '발명'된 것이라면 내각제는 '진화'에 의해 오늘날의 특성을 갖추게 되었다. 즉 내각제는 역사적인 진화의 소산이다. 내각제는 서구 국가에서 국왕과 의회 간의 갈등과 대립 속에서 발전해왔다. 국왕의 자의적 지배에 대한 반발로 의회는 세금이나 인신구속 등의 사안에 대해 자신들의 동의를 구하도록 하는데, 그 과정에서 의회의 영향력이 증대한 것이다. 이후 점차 의회가 국왕을 대신해서 통치를 담당하게 되었고, 내각제가 등장하게 되었다.

내각제, 의회제, 의원내각제 등 다양한 이름으로 불리지만 내각제에서 가장 중요한 점은 의회가 행정 권력을 선출한다는 것이다. 따라서 내각제는 의회에서 선출한 권력이기에 의회의 다수 의석을 차지해야만 행정 권력을 장악할 수 있다. 이처럼 의회 내에서 다수 세력을 확립할 수 있어야 행정 권력을 차지할 수 있기 때문에 내각제는 권력 융합의 성격을 갖는다. 미국 대통령제가 입법부와 행정부를 엄격하게 분리하는 것과 달리, 내각제는 입법부를 장악해야 행정부를 장악할 수 있다.

그렇기 때문에 대통령제에서 나타나는 것과 같이 여소야대는 드물며, 입법부와 행정부 간의 대립이나 갈등도 원천적으로 존재하지 않는다. 총리는 의회 내 다수 의석이 확립되어 있기 때문에 자기 정당 내부의 반발표나 연립정부에 함께 참여한 정당의 반대가 없다면 원하는 법안들을 거의 대부분 다 통과시킬 수 있다.

또한 내각제에서는 법률안이나 예산안을 내각에서 의회에 제출할 수 있지만 미국 대통령제에서는 삼권분립에 따라 의회 의원들 외에는 법률안이나 예산안을 낼 수가 없다. 따라서 대통령이 법률안을 제출하고 싶다면, 대통령에 우호적인 여당 의원을 통해서 간접적으로 해야 한다. 예산과 관련해서도 예산안을 만들어가는 과정에 의회가 깊이 개입하고 최종적으로는 예산법의 형태로 의회가 이를 통과시킨다.

예산과 관련해서 한 가지 더 말하자면, 의회정치의 역사는 세금, 즉 돈과 관련된 왕과 귀족, 그리고 시민 간의 다툼과 대립 속에서 발전되어 왔다. 국왕이 자의적으로 세금을 징수하려는 데 대한 반발로 일어난 일련의 역사적 과정을 거쳐 세금과 관련이 깊은 예산안에 대해서는 반드시 의회의 동의를 얻도록 한 것이다.

영국과 같은 내각제 국가에서는 예산안이나 기금 등 돈과 관련된 법안은 평민원The House of Commons이라고 불리는 하원에서만 다룰 수 있으며, 귀족원The House of Lords인 상원에서는 이를 다룰 수 있는 권리가 없다. 또한 서양의 많은 내각제 국가에서는 정부가 제출한 예산안이 부결되면, 이를 내각에 대한 불신임으로 간주할 정도로 정치적으로 큰 의미를 부여한다.

미국 대통령제와 내각제의 또 다른 차이는 미국에서는 철저하게 삼권이 분리되어야 하기 때문에 의회 의원이 행정부의 관직을 동시에 맡을 수 없다는 점이다. 2009년 버락 오바마 정부에서 국무장관을 맡게 된 힐러리 클린턴은 당시 자신이 갖고 있던 뉴욕주 상원의원직에서 물러나야 했다. 그러나 내각제 국가에서는 의회에서 정당이라는 집단에 통치의 권한을 부여하기 때문에 의원들이 직을 유지하면서 내각, 곧 행정부의 직을 겸할 수 있다. 실제로 내각제 국가에서 내각의 대다수는 의원들이 차지하고 있다.

미국형 대통령제와 내각제의 이러한 상이한 특성을 고려할 때 우리나라의 통치 형태는 완전한 미국형 대통령제도 아니고, 그렇다고 해서 내각제도 아니라는 것을 알 수 있다. 그러나 우리나라는 대개 헌법과 관련된 논의가 나오면 미국형 대통령제를 비교의 준거로 삼는 경향이 있다. 앞서 살펴본 대로, 우리나라의 대통령제가 걸어온 길은 미국과는 전혀 다른 출발점에서부터 왔는데도 말이다. 임시정부 시기부터 우리나라 정부 형태에 대한 다양한 논의와 시도가 이뤄져왔고 그것을 토대로 해방 공간에서는 헌법 제정을 앞두고 진지한 검토와 토론이 이뤄졌다. 그리고 이렇게 해서 만들어진 우리의 대통령제는 그 이후 전개된 수많은 정치적 격변에도 불구하고 일정하게 맥을 이어오고 있다.

이승만 정권의 권력 연장

결국 제헌헌법은 외형적으로 봤을 때 두 개의 힘이 부딪힌 타협이었다. 즉 헌법기초위원회를 주도한 한민당과 이승만이라는 힘이 부딪혀서 타협적인 형태로 만들어진 것이 우리나라의 대통령제다. 처음부터 우리나라의 대통령제는 미국의 대통령제도, 독일이나 영국과 같은 내각제도 아닌, 혼합된 특성을 가졌다.

헌법 제정 후 7월 20일 국회에서 제1대 대통령 및 부통령 선거가 실시되었다. 이승만은 국회의원 196명 중 180명의 지지를 얻어 대통령에 당선되었다. 부통령에는 이시영이 선출되었다. 대통령을 국회에서 선출한 것처럼 제헌헌법은 처음부터 견제받는 대통령제를 염두에 두고 있었다.

앞서 살펴본 것처럼 국무회의가 합의체 의결기관으로서 국무의 주요 사안을 의결하도록 되어 있기에 국무회의에서 장관들 상당수가 반대하게 되면, 원칙적으로 대통령이 마음대로 결정할 수 없도록 했다. 대통령이 서명한 법안에 국무총리와 관련 장관이 부서하도록 한 것도 마찬가지 이유에서 기인한다.

그러나 이후 우리 정치의 역사는 이러한 견제받는 대통령에 대한 구상과 달리 오늘날에 이르기까지 대통령의 권력이 지속적으로 강화되는 방향으로 이어져왔다. 이러한 헌정 왜곡은 이승만 대통령 첫 임기 말인 1952년 7월 7일의 개헌에서부터 시작되었다. 제헌국회는 의원의 임기를 2년으로 정했기 때문에, 1950년 5월 30일에 제2대 국회의원 선거를 실시했다. 그런데 이 선거 결과 이승만 대통령의 지지 세력이 크게 줄어들고 만다.

한편 대통령 임기는 4년이었기에 1952년 8월 5일 제2대 대통령 및 제3대 부통령 선거를 앞두고 있었다. 당시 대통령은 국회에서 선출하는 간접선거였으므로, 이승만 대통령의 재선은 국회 내 다수를 차지하는 반이승만 의원들 때문에 그 가능성이 매우 낮은 상황이었다. 하나의 사례를 들면, 1951년 11월에 이승만 대통령은 대통령 직선제 개헌안을 국회에 보냈는데 표결 결과 찬성 14, 반대 143, 기권 1표로 부결되었다. 압도적인 표 차이로 부결된 것이다.

이에 이승만 대통령은 당시 임시 수도였던 부산에서 대통령 직선제 개헌을 위해 모든 강압적인 수단을 동원한다. 계엄령을 선포하고 '백골단', '땃벌떼' 등 깡패 조직들을 동원해서 관제 데모하는 것을 넘어, 국회 통근 버스를 헌병대를 동원해 끌고 가 야당 국회의원 10명에게 국제공산당의 자금을 받았다는 혐의를 씌워 구속하는 등 공포 분위기로 야당 의원들을 압박했다. 이것이 바로 1952년 5월 25일에 일어난 '부산정치파동'이다.

국회의사당을 군과 경찰이 삼엄하게 에워싸고 또 대규모 관제 데모대가 시위를 하는 공포 분위기 속에 대통령 직선제 개헌안은 기립 표결로 통과되었다. 이승만 정권의 권력 연장을 위해 헌법을 강제적으로 바꾼 것이다. 이때 이승만이 계엄령을 선포하며 군을 동원한 것은 후에 군이 정치에 개입하게 되는 계기를 마련한다.

개헌과 함께 시작된 헌정 왜곡

그 결과 이뤄진 1952년 개헌은 야당이 주장해온 의원 내각제 개헌안 중에서 국무총리의 장관 제청, 양원제 도입 등 일부 내용을 받아들였다고 해서 이른바 '발췌 개헌'이라 부른다. 양원제하에서 국회는 민의원과 참의원으로 구성하는데, 민의원에서 국무원 불신임결의를 했거나 민의원 총선거 후 최초 집회된 민의원에서 신임결의를 얻지 못한 경우 국무원은 총사직을 해야 한다는 조항도 포함되었다. 또한 행정 각부의 장은 국무위원으로 국무총리의 제청에 의해 대통령이 임명하도록 했다.

> 제31조 입법권은 국회가 행한다. 국회는 민의원과 참의원으로써 구성한다.
> 제70조의2 민의원에서 국무원 불신임결의를 하였거나 민의원 의원 총선거 후 최초에 집회된 민의원에서 신임결의를 얻지 못한 때에는 국무원은 총사직을 하여야 한다.
> 제73조 행정각부의 장은 국무위원이어야 하며 국무총리의 제청에 의하여 대통령이 임명한다.

그러나 국무총리의 장관 제청은 현실적으로 이승만 대통령이 결코 용납하지 않았고, 헌법에 양원제를 규정해두고서도 이승만 대통령은 재임 중 참의원 선거를 결국 실시하지 않았다. 핵심은 결국 이승만에 대한 반대가 강한 국회를 피해서 국민이 선출하도록 하겠다는 것이었다.

제53조 대통령과 부통령은 국민의 보통, 평등, 직접, 비밀투표에 의하여 각각 선거한다.

그로부터 2년 뒤 또 다른 헌정 왜곡이 1954년 11월 29일에 일어난다. 이른바 '사사오입四捨五入 개헌'으로 불리는 이 사건은 대통령의 3선 제한을 철폐하는 것을 핵심으로 한다. 이를 통해 대통령과 부통령의 임기를 4년으로 하고, 재선에 의해 1차 중임할 수 있도록 했는데, 부칙으로 공포 당시의 대통령의 경우는 1차 중임의 제한을 적용하지 않도록 해 사실상 이승만은 평생 대통령을 할 수 있는 근거를 마련하고자 했다.

제55조 대통령과 부통령의 임기는 4년으로 한다. 단, 재선

에 의하여 1차중임할 수 있다.

부칙 이 헌법 공포 당시의 대통령에 대하여는 제55조 제1항 단서의 제한을 적용하지 아니한다.

이승만 대통령의 3선 개헌을 가능하도록 하기 위해 자유당은 1954년 5월 20일 제3대 민의원 선거에서 엄청난 선거 부정을 저질렀다. 금품, 향응 등이 난무했고 정부 기관이나 공무원들의 선거 개입도 빈번했다. 특히 경찰의 선거 개입이 심해서 '몽둥이 선거'라는 말까지 나오는 상황이었다. 선거 결과, 자유당은 203석 가운데 111석을 얻었는데 야당인 '민주국민당(민국당)'은 겨우 16석에 그쳤다. 자유당은 70명에 달하는 무소속 의원 중 일부를 선거법 위반 등으로 위협하거나 금품 제공 등을 통해 당에 끌어들여 개헌에 필요한 의원 정족수를 채웠다.

11월 27일에는 드디어 이승만 정권의 영구 집권을 가능하게 하는 개헌안에 대한 국회 표결이 실시되었다. 그런데 투표 결과는 찬성 135, 반대 60, 기권 7표였다. 의결 정족수는 재적 인원 203명의 3분의 2인 136표인데 여기에서 1표가 모자라는 135표가 나온 것이다. 이에 따라 자연히 헌법 개정안은 부결이 선언되었다.

그러나 자유당은 부결된 개헌안을 가결로 만들기 위해 억지 논리를 들고 나왔다. 재적 인원 203명의 3분의 2는 135.333…인데 0.333…은 0.5보다 적은 수이기 때문에 사사오입하면 의결 정족수는 135라는 것이다. 이러한 억지 주장을 정당화하기 위해 수학자까지 강제로 동원되었다.

이외에도 사사오입 개헌 때는 국가 안위에 관한 중대 사항은 국회의 가결을 거친 후 국민투표에 부하여야 한다는 국민투표에 대한 법안이 추가되었다.

제7조의2 대한민국의 주권의 제약 또는 영토의 변경을 가져올 국가안위에 관한 중대사항은 국회의 가결을 거친 후에 국민투표에 부하여 민의원의원선거권자 3분지 2이상의 투표와 유효투표 3분지 2이상의 찬성을 얻어야 한다.

사사오입 개헌에서 흥미로운 점은 국무총리를 없애 국무원을 대통령과 국무위원으로만 조직했다는 것이다. 우리나라에 국무총리가 없었던 때는 이때가 유일하다. 이 때문에 4월 19일에 일어난 혁명 이후 이승만이 하야했을 때 이미 사직한 장면 부통령 대신 과도정부를 이끌었던 것은 외무부장관으로 임명된 허정이었다. 국무총리직이 없었기 때문에 당시 국무위원 중에서 계승 순위가 가장 높았던 외무부장관이 임명된 것이다. 국민투표나 국무총리 없는 국무원 모두 대통령에게 권력이 더욱 집중되도록 한 것이다. 또한 대통령이 궐위될 때 부통령이 대통령의 잔임 기간 동안 재임하도록 한 규정도 이때 마련된다. 그 이전까지는 "부통령은 대통령 재임 중 재임한다"고 규정하여 부통령은 대통령이 물러나면 함께 물러나야 했다.

> 제68조 국무원은 대통령과 국무위원으로 조직되는 합의체로서 대통령의 권한에 속한 중요 국책을 의결한다.

사사오입 개헌으로 임기 제한이 없어진 이승만은 1956년 5월 15일 제3대 대통령 및 제4대 부통령 선거에서 세 번째 잇달아 집권했다. 그러나 그로부터 4년 뒤 네 번째 집권을 향하던 이승만은 1960년 3월 15일 제4대 대통령 및 제5대 부통령 선거에서 부정선거를 저지른다. 그리고 이에 항의하며 일어난 4·19 혁명에 의해 대통령직에서 쫓겨나게 되었다.

제헌헌법에서 의도했던 견제받는 대통령제는 이승만의 집권 이후 점차 무너져내렸고, 한 사람에게 권력이 온통 집중되는 형태로 왜곡되어 갔다. 그러나 그러한 독재 체제는 결국 민주주의를 외친 국민의 힘에 의해서 붕괴되고 말았다.

이승만 대통령의 하야 이후 허정 내각수반이 과도 정부를 이끌며 대통령제 중심의 헌법을 내각제로 고쳤다. 이후 1960년 7월 29일 제5대 국회의원 선거에서 민주당이 압승을 거두면서 대통령 윤보선과 국무총리 장면이 이끄는 제2공화국이 들어서게 된다. 그러나 민주당 정부는 극심한 당내 파벌 갈등 등으로 어려움을 겪다가 쿠데타에 의해 9개월 만에 붕괴되고 말았다.

갈수록 비대해지는 대통령의 권한

1961년 5월 16일 박정희 소장은 쿠데타를 일으켜 제2공화국을 무너뜨리고 권력을 장악했다. 제도적으로 강력한 대통령제의 특성이 강하게 나타나기 시작한 것이 바로 이때부터로, 쿠데타로 정권을 장악했던 만큼 박정희는 강한 리더십을 원했다. 그만큼 처음부터 권력을 나눈다거나 협치적인 방식으로 통치를 하려는 생각은 아예 없었다. 이후 우리나라 대통령제는 더욱더 강력한 권력 집중적인 모습을 띠게 된다.

5·16 군사 쿠데타와 관련해서는 여러 가지 비사가 많은데, 당시 쿠데타 계획은 장면 총리를 비롯해서 국내 정치 인사들이나 미국도 이미 알고 있는 것이었지만 운과 우연, 제2공화국 정권 담당자의 비겁함, 오판 등이 겹치면서 결국 성공하고 말았다.

박정희는 쿠데타 이후 국회가 해산되고 헌법의 기능이 일시 중지되면서 국가의 통치를 위해 '국가재건비상조치법'을 제정했다. 이를 통해 최고 통치기관으로서 국가재건최고회의를 설치해 입법, 행정, 사법의 삼권을 모두 장악하고 여기에 국회의 권한을 부여했다. 아울러 대법원장과 대법원판사는 국가재건최고회의의 제청에 의해 대통령이 임명하고, 헌법재판소 규정은 효력 정지하도록 했다.

국민의 기본권은 혁명 과업 수행에 저촉되지 않는 범위에서만 허용했다. 이전의 헌법 또한 국가재건비상조치법에 저촉되지 않는 범위에서만 효력이 생기도록 했다. 새로운 정치 질서를 만들어낼 수 있는 사실상 무한정의 권력을 박정희에게 주도록 한 것이다. 이승만 대통령은 제헌국회 당시 한민당이라는 견제 세력이 있었지만 박정희는 누구에게도 견제받지 않고 통치 구조를 자신의 뜻대로 만들어낼 수 있었던 것이다. 이후 1961년 8월 21일 국가재건최고회의장 박정희는 정권이양시기 및 방법 등 중대 정책에 관해 명시한 성명서 '정권이양시기에 관한 성명'을 통해 정부 형태를 대통령 책임제로 한다는 내용을 명시한다.

이와 함께 헌법심의위원회를 구성하고 이에 대한 미국의 동의를 위해 강력한 대통령제의 지지론자인 루퍼트 에머슨Rupert Emerson의 자문을 활용해 새로운 통치 구조를 마련해갔다. 그러나 실제로 헌법심의위원회나 에머슨 교수는 주도적 역할을 하기보다 쿠데타 주축 세력이 의도하고 있는 정부 형태를 정당화해주는 역할을 했다. 그렇게 대통령제를 복원하는 헌법 개정안을 1962년 11월 5일 의결 공고하고 12월 26일 국민투표를 통해 정식 공포한다.

이때부터 부통령제는 폐지된다. 부통령제의 폐지는 강력한 대통령제의 상징적 조치인데, 어떤 경우에도 대통령을 대신할 존재를 두지 않겠다는 것이기 때문이다. 또한

'국무회의 합의체'라는 표현은 헌법의 조항에서 사라지고 국무회의는 의결기관이 아닌 심의기관으로 남게 된다. 이는 오늘날까지도 이어져 우리나라의 국무회의는 여전히 심의기관이다.

> 제83조 ① 국무회의는 정부의 권한에 속하는 중요한 정책을 심의한다.

추가경정예산안 또한 정부에서 편성할 수 있게 되었으며, 정부의 동의 없는 국회의 예산 각항의 금액 증가나 비목 변경을 금지했다.

> 제52조 예산성립 후에 생긴 사유로 인하여 예산에 변경을 가할 필요가 있을 때에는, 정부는 추가경정예산안을 편성하여 국회에 제출할 수 있다.
> 제53조 국회는 정부의 동의 없이 정부가 제출한 지출예산 각항의 금액을 증가하거나 새 비목을 설치할 수 없다.

의원의 장관 겸직은 이때 잠시 금지되었다가 후에 3선

개헌 때 다시 허용된다. 또한 일반적으로 헌법 규정에서 찾아보기 쉽지 않은 경제·과학심의회의를 둔다는 규정을 두었는데, 이는 헌법 개정 작업에 박정희 대통령이 깊이 개입했다는 증거로 볼 수 있다.

> 제118조 ① 국민경제의 발전과 이를 위한 과학진흥에 관련되는 중요한 정책수립에 관하여 국무회의의 심의에 앞서 대통령의 자문에 응하기 위하여 경제·과학심의회의를 둔다.
> ② 경제·과학심의회의는 대통령이 주재한다.

국회의원의 수를 헌법에 규정한 것도 이때부터다.

> 제36조 ② 국회의원의 수는 150인이상 200인이하의 범위 안에서 법률로 정한다.

그렇지만 동시에 내각제적인 요소도 존재했다. 국무총리는 대통령이 임명하고, 국무위원은 국무총리의 제청으로 대통령이 임명하는 것으로 하여, 이승만 정권이 사사오입 개헌에서 없앤 국무총리를 다시 부활시킨다.

제84조 ① 국무총리는 대통령이 임명하고, 국무위원은 국무총리의 제청으로 대통령이 임명한다.

또한 국회는 총리, 국무위원 해임 건의안을 함께 갖도록 했는데 이 부분은 오늘날과 같다. 다만 당시에는 "대통령은 특별한 사유가 없는 한 이에 응하여야 한다"는 규정이 있었다.

제59조 ① 국회는 국무총리 또는 국무위원의 해임을 대통령에게 건의할 수 있다.
② 전항의 건의는 재적의원 과반수의 찬성이 있어야 한다.
③ 제1항과 제2항에 의한 건의가 있을 때에는 대통령은 특별한 사유가 없는 한 이에 응하여야 한다.

이 때문에 제3공화국 시기에 두 번의 장관 해임안이 국회에서 통과되었는데 박정희 대통령은 그 결정을 모두 수용하여 해당 장관을 교체했다. 첫 번째 경우는 1969년 권오병 문교부장관에 대한 국회의 해임 건의안 통과다. 야당의 해임안 제출의 명분은 중학 무시험 입학제 논란, 그리고 국회에서 반말 답변 때문이었다.

3선 개헌에 반대하던 김종필계 의원들 40여 명이 야당에 동조하여 해임안은 통과되었고, 그 결과에 권오병 장관은 사임했다. 그러나 이 사건에 대해 박정희 대통령이 격노하여 주동자 5명은 당에서 제명되었고 이 사건을 거치면서 김종필계의 영향력은 위축되었다.

1971년에는 오치성 내무부장관 해임이 통과되었다. 당시 실미도 사건, 광주廣州대단지 폭동 등 사회적 혼란에 대한 책임을 물어 야당에서 오치성 내무부장관, 김학렬 경제기획원 장관, 신직수 법무부장관에 대한 해임 건의안을 제출했다. 10월 2일의 국회 표결에서 이들 중 오치성 내무부장관에 대한 해임안이 가결되었다. 당시 집권당인 민주공화당을 장악하고 있던 김성곤, 길재호, 김진만, 백남억 등 이른바 반JP파 4인방이 주도하여 해임안 찬성표를 던졌기 때문이다.

결국 오치성 내무부장관은 자리에서 물러나게 되었다. 그러나 공화당 의원 23명이 중앙정보부에 끌려가서 곤욕을 치렀고 해임안을 주도한 김성곤과 길재호는 정치를 그만둬야 했다. 박정희 정권 시절에 통과된 두 번의 장관 해임안으로 해당 장관은 물러나야 했지만 야당에 동조한 여당 의원들은 큰 어려움을 겪었다.

민주화 이후에도 장관 해임 건의안은 지금까지 세 차례 국회를 통과했다. 김대중 대통령 당시 임동원 통일부장관, 노무현 대통령 당시 김두관 행정자치부장관의 해임 건의안이 국회에서 가결되었다. '87년 헌법'에서는 해임 건의안에 대한 수용이 강제조항이 아니었지만 이 두 차례의 경우 모두 사표를 수리하는 방식으로 받아들여졌다. 박근혜 대통령 때는 2016년 김재수 농림축산식품부장관의 해임 건의안이 국회에서 통과되었지만 받아들여지지 않았다. 1948년 이후 모두 여섯 차례의 국무위원 해임 건의안이 통과되었는데 대통령이 이를 받아들이지 않은 것은 박근혜 대통령 때가 유일하다.

이외 1962년의 개정된 헌법은 총리, 국무위원의 국회 출석 및 질의응답, 의견 진술, 그리고 정부의 법률안 제출권과 대통령의 국법상 행위의 문서는 국무총리와 관계국무위원의 부서가 있어야 한다는 점에서는 제헌 당시의 내용과 동일하게 유지된다.

제48조 국회의원과 정부는 법률안을 제출할 수 있다.

제58조 국무총리·국무위원 또는 정부위원은 국회나 그 위원회에 출석하여 국정처리상황을 보고하거나 의견을 진술하고 질문에 응답할 수 있으며, 국회나 그 위원회 또는 국회의원 30인 이상의 요구가 있을 때에는 출석·답변하여야 한다.

제80조 대통령의 국법상 행위는 문서로써 하며, 이 문서에는 국무총리와 관계국무위원이 부서한다. 군사에 관한 것도 또한 같다.

그러나 제1공화국 당시 국무회의의 의결 사항으로만 되어 있던 계엄령 선포를 대통령의 권한으로 명기했고, 계엄 하에서는 영장 제도, 언론 출판 집회 결사의 자유, 정부나 법원의 권한에 대한 특별 조치를 할 수 있도록 규정했다. 이렇게 규정된 계엄령은 박정희 대통령 재임 시절 1964년 6월 3일 한일회담 반대 시위, 1972년 10월 17일 유신, 1979년 10월 16일 부마민주항쟁 등과 관련하여 세 차례 실시되었다.

제75조 ① 대통령은 전시·사변 또는 이에 준하는 국가비상

사태에 있어서 병력으로써 군사상의 필요 또는 공공의 안녕질서를 유지할 필요가 있을 때에는 법률이 정하는 바에 의하여 계엄을 선포할 수 있다.
③ 계엄이 선포된 때에는 법률이 정하는 바에 의하여 영장제도, 언론·출판·집회·결사의 자유, 정부나 법원의 권한에 관하여 특별한 조치를 할 수 있다.

대통령의 긴급 명령에 대해서도 내우, 외환, 천재, 지변뿐만 아니라 "국가의 안위에 관계되는 중대한 교전상태"의 경우를 추가했다.

제73조 ② 국가의 안위에 관계되는 중대한 교전상태에 있어서 국가를 보위하기 위하여 긴급한 조치가 필요하고 국회의 집회가 불가능한 때에 한하여, 대통령은 법률의 효력을 가지는 명령을 발할 수 있다.

대통령을 의장으로 하는 국가안전보장회의 구성도 헌법에 포함되었다. 이에 비해 지방자치단체 구성은 1962년 헌법에서 명기되었으나 실제로는 실시하지 않았고 유신 헌법에서는 그나마 있던 규정을 통일 이후로까지 미룬다고 바꿨다.

> 제87조 ① 국가안전보장에 관련되는 대외정책·군사정책과 국내정책의 수립에 관하여 국무회의의 심의에 앞서 대통령의 자문에 응하기 위하여 국가안전보장회의를 둔다.
> ② 국가안전보장회의는 대통령이 주재한다.
> 제109조 ① 지방자치단체는 주민의 복리에 관한 사무를 처리하고 재산을 관리하며 법령의 범위 안에서 자치에 관한 규정을 제정할 수 있다.
> ② 지방자치단체의 종류는 법률로 정한다.

이렇게 다시 도입된 강력한 대통령제는 유신 체제, 그리고 전두환 정권의 제5공화국을 거치면서 더욱더 강화되어 갔다. 다만 짚고 넘어가야 할 것은 대단히 강력한 대통령제이긴 하지만 제헌헌법과 완전히 단절된 형태의 헌법이라고 보기는 어렵다는 점이다. 큰 틀에서 혼합적인 특성은 유지하면서 대통령 개인의 권한을 제도적으로 크게 강화했던 것이다.

민주화 이후에도
권력의 중심에 선 대통령

개헌의 목표는 유신 이전의 상태

1987년 6월 항쟁으로 민주화에 대한 국민적 저항에 직면한 민주정의당의 대통령 후보 노태우는 6월 29일 민주화와 직선제 개헌 요구를 받아들이는 특별 선언, 이른바 6·29 선언을 발표한다.

이후 7월 24일 여야는 '8인 정치회담' 구성에 합의하고, 여당인 민주정의당의 이한동, 윤길중, 권익현, 최영철, 야당인 통일민주당의 박용만, 김동영, 이중재, 이용희는 7월 31일 첫 회의를 갖는다. 그렇게 논의를 시작한 한 달 뒤 8월 31일 8인 정치회담은 헌법 개정에 대한 합의를 도출한다.

그리고 9월 17일 국회 헌법개정기초소위 헌법 개정안

초안이 완성된 후 다음 날 9월 18일 국회에서 헌법 개정안이 발의된다. 이후 개헌안은 10월 12일 국회 의결 후 10월 27일 국민투표에서 78.2퍼센트의 투표율, 투표자 93.1퍼센트의 찬성이라는 압도적인 지지로 확정된다.

1987년 개헌은 국민 대부분이 대통령 직선제의 큰 틀에 동의한 만큼, 세부적인 부분에 대해서만 논의하면 되었기에 비교적 순조롭게 진행될 수 있었다. 또한 여야가 각각 4명의 대표로 구성한 8인 정치회담이었지만, 통일민주당의 경우 박용만, 김동영 등 김영삼계 2명, 이중재, 이용희 등 김대중계 2명이었기 때문에 사실상 노태우, 김영삼, 김대중 3명을 대리한 회의였다고 할 수 있다. 자연히 이들 3명의 견해가 크게 반영되었고 이들의 합의에 의해 헌법 개정이 이뤄진 셈이다. 헌법재판소와 같은 일부 조항에 전두환 당시 대통령이 영향을 미쳤다는 점을 고려하면, 87년 헌법은 노태우, 김영삼, 김대중, 그리고 부분적으로 전두환의 개입 속에서 개정된 것이다.

아무리 그렇다고 해도 한 달 만에 헌법 개정에 합의한 것은 놀라운 일이다. 그것이 어떻게 가능했을까? 그 답은 이들이 논의를 진행하면서 서로 이견이 생길 때마다 참고

한 '모범 답안'에 있었다. 따라서 이견은 그 모범 답안에 따라 해소되었다. 이들에게 모범 답안은 다름 아닌 유신 이전의 헌법이었다. 즉 1962년 헌법이 이들에게는 모범 답안이었다. 1987년 당시 헌법 개정을 주도했던 정치인들은 유신 이전 상태로의 회귀를 민주화라고 생각했다. 1987년에 개정된 현행 헌법이 반드시 미래지향적 고려에서 만들어진 것만은 아니라는 사실을 알 수 있다.

물론 1962년 헌법으로 완전히 돌아간 것은 아니고 유신 헌법이나 제5공화국 헌법도 반영되었다. 그만큼 민주화 헌법이라 해도 대통령의 권한은 유신 이전보다 오히려 강화되었다. 예컨대 대통령이 국가 원수라는 규정은 유신 헌법에서 포함되었는데 1987년 헌법에도 그대로 살아남았다.

1962년 개헌 | 제63조 ① 행정권은 대통령을 수반으로 하는 정부에 속한다.
1972년 개헌 | 제43조 ① 대통령은 국가의 원수이며, 외국에 대하여 국가를 대표한다.
1987년 개헌 및 현행 | 제66조 ① 대통령은 국가의 원수이며, 외국에 대하여 국가를 대표한다.

국민투표 조항 역시 유신 헌법 조항을 기초로 개정되었다. 1962년에는 헌법 개정에만 국민투표가 가능하도록 했지만 유신 헌법에서는 매우 포괄적인 사안에 대해 대통령에게 시행 권한을 부여했다. 87년 헌법에서도 이를 대통령의 권한으로 남겨두되 "외교, 국방, 통일, 기타 국가안위에 관한 중요정책"으로 한정했다.

1962년 개헌 | 제121조 ① 헌법 개정안은 국회가 의결한 후 60일 이내에 국민투표에 붙여 국회의원선거권자 과반수의 투표와 투표자 과반수의 찬성을 얻어야 한다.
1972년 개헌 | 제49조 대통령은 필요하다고 인정할 때에는 국가의 중요한 정책을 국민투표에 붙일 수 있다.
1987년 개헌 및 현행 | 제72조 대통령은 필요하다고 인정할 때에는 외교·국방·통일 기타 국가안위에 관한 중요정책을 국민투표에 붙일 수 있다.

이처럼 유신과 제5공화국을 거치면서 강화된 대통령의 권한에 대한 축소는 거의 이뤄지지 않았다. 부통령제는 87년 개헌에서도 도입되지 않았다. 당시 노태우 쪽에서는 대통령 선거에서 김영삼, 김대중이 대통령-부통령의 러닝메이트로 출마할 가능성 때문에 이에 부정적이었는데, 실상은 김영삼, 김대중 모두 자신이 부통령이 될 가능성은 아예 고려하지 않았다. 이들 역시 대통령에게 권한이 집중되는 형태를 선호했기 때문에 애당초부터 부통령제에 부정적이었다.

그럼에도 제헌헌법에서부터 마련된 내각제적 규정은 87년 헌법에서도 찾아볼 수 있다. 정부의 법률안과 예산안 제출권, 국무총리제, 국무회의, 국무와 관련된 대통령의 주요 행위는 문서로 해야 하고 총리와 관계 장관이 부서하도록 한 것, 의원의 장관 겸임 허용, 국무위원의 국회 출석 및 질의응답 등이 그러한 조항이다.

이처럼 현행 헌법은 한국 정치사의 변천 과정을 고스란히 담고 있다. 제헌 당시 만들어진 내용부터, 87년 헌법 개정자들이 '모범 답안'이라고 한 유신 이전의 헌법, 그리고 심지어 유신 독재와 전두환 권위주의 체제에서 개정하며 만들어진 대통령의 권한 강화 내용까지 모두 담겨져 있다. 오늘날 민주화 이후에도 대통령의 권력이 지나치게 강하고 또 '제왕적 대통령 imperial presidency'의 이야기까지 나오게 된 것은 1987년 헌법이 지닌 이러한 속성 때문이다.

사실 1987년 민주화는 정치체제의 근본적 변혁이기보다 '정치적 게임 규칙'의 변화에 초점이 맞춰져 있었다. 권력 교체의 가능성을 열어두고 이를 위한 공정한 선거와 장기 집권을 방지하는 데 모두 합의했던 것이다. 앞서 말했듯이 이들에게는 유신 체제 이전의 상태가 곧 정치의 '정상화'였다.

대통령 비서실의 비대화

'제왕적 대통령'을 이야기할 때 주목해야 할 점은 대통령 비서실, 우리가 흔히 말하는 청와대 조직이다. 대통령 비서실은 1948년 7월 24일 정부 수립과 함께 만들어졌다. 그러나 제1공화국 때는 비서관장 아래 모두 7명으로 구성되어 있었다. 제2공화국 때는 내각책임제였기 때문에 대통령의 보좌 조직이 클 필요가 없었다. 비서실장 아래 대변인, 국방, 공보 담당 등 총 14명으로 이뤄진 정도였다.

그러던 것이 박정희 정권 때 이르러 급격히 늘어난다. 박정희 대통령은 1963년 12월 '대통령비서실 직제'에 의해 대통령 비서실을 만들었는데 인원은 비서실장, 정무 비서관, 정보, 민원, 공보, 총무, 의전 비서관 등 총 48명이었다. 이전에 비해 그 수가 크게 늘어났음을 알 수 있다. 비서실의 규모는 정권 말기가 되면 227명으로 급격하게 늘어난다.

이후 정권에서도 이러한 증가 추세는 이어져 대통령 비서실은 오늘날로 올수록 점차 비대해지는 모양새를 띤다. 전두환 정권 때는 초기 272명에서 임기 말에는 407명으로 크게 늘어났고, 노태우 정권 때는 초기 384명에서 임기 후반 366명으로 다소 줄어들었다.

그러나 전두환, 노태우 정권 때는 정원 외에도 각 부처에서 파견된 공무원이 청와대에서 근무하는 형태가 비일비재했기에 실제는 이보다 더 많았을 것이다. 김영삼 정권 때는 임기 초반 377명에서 임기 후반 375명으로 큰 변화가 없었고, 김대중 정권 때는 초기 378명에서 임기 후반 405명으로 늘어난다. 특히 노무현 정권 때는 규모가 531명으로 크게 늘어났고, 이명박 정권 때는 다소 줄어든 456명, 그리고 박근혜 정권 때는 443명이었다. 이처럼 각 대통령 때마다 비서실 규모에 다소 차이가 생기기는 하지만 시간이 흐를수록 그 규모가 커져왔다는 사실을 알 수 있다.

문제는 대통령 비서실의 비대화가 대통령의 업무 수행 능력 향상을 의미하는 것이 아니라는 점이다. 비서실이 커진다는 것은 그만큼 대통령에게 권한이 집중이 되고, 실제로 정책을 실행하고 추진해야 할 내각에 권한이 공유되지 않는다는 것을 의미하기 때문이다. 각 부서가 실무를 담당하는 것이 아니라 모든 정치적 권력을 청와대가 틀어쥐고 갈 가능성이 많은 것이다.

사실 우리나라의 대통령제가 제대로 작동하기 위해서는 비서실, 내각, 집권당이 서로 긴밀하게 연계되어 움직여야 한다. 혼합형 대통령제로 만들어졌고 그 특성이 계속 유지되어 왔기 때문에 한국 대통령제에서 대통령과 집권당의 관계, 대통령과 내각, 곧 국무회의 간의 관계는 매우 중요하다.

한국의 대통령제에서 국회와의 관계는 미국과 같이 '입법부 대 행정부'의 관계라기보다는 '정부-여당 대 야당'이라는 형태로 이어져온 것도 이 때문이다. 따라서 대통령을 중심으로 정부와 집권당이 상호 연계되고 비서실이 이러한 관계를 보조해주는 것이 한국형 대통령제의 작동 방식이었다.

박정희 정권 때를 예로 들면 당시 대통령 비서실은 정책의 큰 그림을 그리거나 정무적 연결 기능을 담당했고 정책

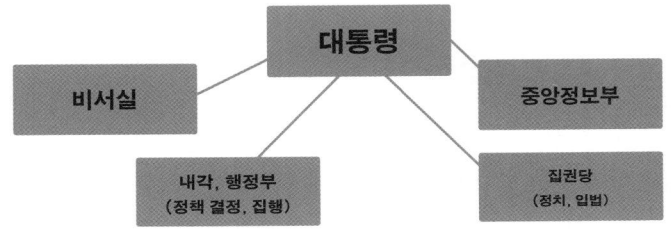

박정희 정권 대통령제의 구조

의 실무 집행은 행정부, 곧 내각이 맡았으며, 국회 관계는 공화당이나 중앙정보부가 담당했다. 유신 이전까지 공화당은 당정협의회를 통해 정책 결정 과정과 집행 과정에 상당한 영향력을 행사할 수 있었다. 특히 제3공화국에서 도입된 당정협의회는 법률 규정은 아니었지만 대통령제의 작동에 매우 중요한 역할을 했다.

당정협의회는 5·16 군사 쿠데타 이후 공화당 창당을 주도한 김종필이 고안한 것으로 김종필은 공화당을 통치의 중요한 한 축으로 삼고자 했다. 당시 당정협의회는 청와대에서 총리, 장관을 포함하는 고위 공직자와 공화당의 고위 당직자 간의 협의에서부터 지방의 시, 군 수준에까지 매우 포괄적으로 이뤄졌다. 다음의 기사에서 보듯이 당정협의회는 1970년대 초, 적어도 유신 체제 전까지는 계속 작동했던 것으로 보인다.

> 박정희 대통령은 공화당의 당정협의회에 대해 이중행정이나 공무원의 정치 간여와 전혀 무관하다고 말하고 『간담회의 동기는 민주헌정질서를 바로잡고 개발도상국에서 나타나기 쉬운 비합리적인 요소들을 시정해보려고 대화의 광장을 마련하는데 있다』고 설명했다.[1]

그러나 박정희 정권의 임기 말에 이르러 이러한 균형은 깨지고 만다. 박정희 정권의 몰락도 이러한 권력의 불균형과 긴밀한 관련이 있었다. 유신 체제 이후 공화당의 역할은 극히 미미해졌고, 후반으로 갈수록 내각이나 심지어 중앙정보부조차 제대로 역할을 할 수 없었다. 당, 행정부, 청와대 간의 균형이 무너지면서 박정희 정권 역시 하릴없이 무너지고 만 것이다.

그럼에도 청와대 비서실의 역할은, 전두환 정권 때는 말할 것도 없고, 민주화 이후에도 계속해서 강화되어 갔다.

제왕적 대통령의 카리스마 리더십

한국에서 대통령제가 도입되고, 복원되고, 유지되어온 배경에는 대통령이 되고자 했던 강력한 정치인들이 있었다. 제헌국회에서 내각제로 만들어져 있던 초안을 대통령제로 바꾼 건 이승만이었다. 제2공화국 때 내각제로 바뀌었던 통치 구조를 다시 대통령제로 바꾼 것은 박정희였다. 민주화 과정에서 대통령 직선제를 들고 나와 대통령제가 지속되도록 한 것은 김영삼과 김대중이었다.

한국의 대통령제가 만들어지고 유지될 수 있었던 것은 이처럼 대통령이 되고 싶어 했던 매우 강한 카리스마를 가진 정치 지도자의 존재와 관계가 깊다. 따라서 민주화 이후 이들은 자신이 대통령이 되는 것을 중요하게 여겼을 뿐, 대통령의 권한을 약화시키거나 분산하는 데는 전혀 관심이 없었다.

사실 민주화 이후의 김영삼, 김대중 정권의 대통령제 또한 박정희 정권의 대통령제와 비슷한 스타일의 리더십을 갖고 있었다. 이들은 모두 집권당을 장악하고 대통령 비서실을 중심으로 국정을 이끌어가는 구조를 갖추고 있었으며, 국정원이나 검찰 등을 활용해 야당을 압박했다. 이전과 본질적으로는 크게 다르지 않은 '제왕적 대통령'이었던 것이다.

물론 민주화 이후에 정치에 여러 가지 변화가 일어난 것 또한 사실이다. 먼저 국회와 사법부의 자율성과 권한이 예전에 비해 강화되었다. 국정조사, 국정감사, 인사청문회 등 국회의 대통령 견제 권한이 커졌고 법원이나 헌법재판소의 정치적 영향력도 커졌다. 그럼에도 우리 정치가 근본적으로 강한 대통령제에서 벗어나지 못하고 있는 것은 집권당, 국무회의와 같은 제도적으로 주어진 기구에 의존하지 않고 청와대 비서실과 같은 보다 사적인 조직에 통치를 크게 의존하기 때문이다.

이러한 통치의 형태가 극단으로 간 것이 박근혜 정권이다. 이른바 '문고리 3인방'이라는 개인 비서진에 의존했고 청와대 민정수석을 통해 검찰을 활용하면서 반대자들을 압박했다. 문제는 그 이후에도 정도의 차이가 있을 뿐 청와대 중심의 통치는 달라지지 않고 있다는 점이다.

청와대 비서실의 규모와 영향력이 계속 확대되는 것은 몇 가지 이유가 있다. 우선 지적할 수 있는 첫 번째 이유는 단임 대통령제라는 점이다. 5년 단임제에서 대통령은 짧은

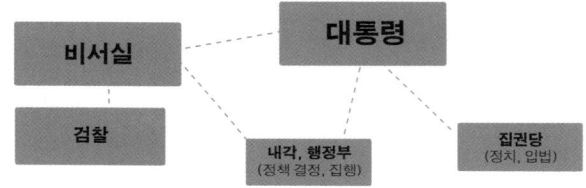

민주화 이후 대통령제의 구조

임기 내에 자신의 치적이 될 수 있는 구체적인 성과를 내고 싶어 한다. 이를 위해서는 장관들에게 맡기거나 관료 조직에 의존하기보다 비서실을 통해 주요 정책을 직접 챙기면서 주도적으로 이끌고 가겠다는 생각을 하기 쉽다.

두 번째 이유는 대통령 선거에서 후보자의 선거운동이 캠프 중심으로 이뤄진다는 사실과 관련이 있다. 유권자의 입장에서는 해당 후보자의 이미지나 역량뿐만 아니라 소속되어 있는 정당이 투표 결정을 할 때 중요하게 작용한다. 그러나 그 정당의 대통령 후보자가 볼 때 당은 그 이전의 후보 경선 과정에서 우리 편과 다른 사람의 편으로 분열된 것으로 간주하기 쉽다. 따라서 당에게 의존하기보다 '내 사람들'이 모여 있는 선거 캠프를 중심으로 선거운동을 전개하게 된다. 그리고 당선 후에는 정당보다 당선된 대통령과 개인적 관계를 맺은 이들을 중심으로 국정을 운영하게 된다. 캠프에 있는 이들은 당연히 청와대 비서실의 요직에 등용된다.

세 번째 이유는 관료제에 대한 불신이다. 과거 박정희는 종신 대통령이었기 때문에 관료들이 보기에 대통령은 마치 대기업의 총수처럼 보였을 것이다. 열심히 일해서 대통령의 눈에 들게 되면 고위직으로 승승장구할 수 있었다. 그러나 이제는 5년 단임에, 빈번한 정권 교체로 그와 같은 기대감을 가질 수 없게 되었다. 더욱이 후임 대통령이 전임자의 정책을 폐기하는 경우가 많아서, 전임 정부의 핵심 정책을 맡아 열심히 일한 것이 인사 평가 때 '전임 정부 사람', 심지어 '적폐'로 몰려 불이익을 받을 수도 있게 되었다.

또한 국회나 언론이나 이익집단의 눈치를 봐야 할 예민한 사안에 대해서라면 가능하면 복지부동하는 게 더 낫다고 판단할 수 있다. 이 때문에 말 잘 안 듣는 관료제에 의존하기보다 청와대를 중심으로 정책을 이끌고 나가려는 경향이 생겨날 수 있다.

그런데 청와대 비서들과 대통령의 관계는 법률적, 제도

적 관계이기보다 기본적으로 대통령의 신임이라고 하는 개인적 관계에 기초해 있다. 그리고 비서실의 일차적 관심은 정책보다 대통령 개인에 집중될 수밖에 없다. 그런 만큼 국가 정책 전반을 총괄적으로 살펴보거나 정책의 효율성을 따지기보다 대통령의 뜻을 받드는 것이 더 중요할 수밖에 없다. 청와대 안에서 대통령의 뜻과 다른 목소리가 나오기 어려운 만큼 비서실은 동질적이거나 폐쇄적인 속성을 지닐 수밖에 없고 외부의 우려나 비판이 제대로 받아들여지기도 어렵다.

대통령제의 위기는
왜 반복되는가

인사권을 쥔 청와대

청와대 중심의 국정 운영은 대통령으로의 권력 집중이라는 문제뿐만 아니라 청와대가 과도한 권한을 행사하도록 만드는 위험성을 낳는다. 그럼에도 청와대의 권한은 예전보다 더욱 강화되고 있다. 인사 검증이나 감찰과 같은 '막강한' 권한도 이제는 청와대가 직접 행사하고 있다.

장관 등 고위 공직자의 임명과 관련된 인사 검증은 과거에는 경찰, 국정원 등 각 정보기관에서 올리는 이른바 존안 자료를 통해 이뤄졌다. 그런데 이러한 외부 기관의 검증에도 불구하고 언론 등에서 예기치 못한 문제점들을 지적하면서 장관 임명에 어려움이 발생하게 되자 노무현 정권에서는 청와대가 직접 인사 검증을 담당하도록 하면서 인사수석실을 만들었다.

그 이후 청와대의 인사 기능은 이명박 정부 때는 인사수석을 없애고 비서실장 직속 인사비서관이 그 역할을 담당하도록 했는데 2009년 검찰총장 후보자에 대한 인사 검증 실패 이후 다시 수석급인 인사기획관직으로 바꿨다. 박근혜 정부 역시 2014년 6월 인사수석직을 만들었고 문재인 정부도 마찬가지로 인사수석직을 두고 있다.

물론 최종적인 인사 결정권은 대통령에 있으므로 고위 공직 임명에 대해서는 청와대에서 논의하는 것이 맞지만 청와대가 간여하는 인사의 범위가 너무 넓다는 것이 문제다. 사실 권력을 가진 조직이 스스로 권력의 한계를 규정하고 이를 지키기란 쉬운 일이 아니다. 조직은 어디에서나 한 번 생겨나면 관할 영역이나 권한을 확대시키고자 하는 경향을 갖는다. 그렇기 때문에 청와대가 인사권을 갖게 되면 결국 장관이나 차관을 넘어 과장급, 심지어 공기업에까지 영향을 미칠 수밖에 없다.

이렇게 각 행정부서에까지 청와대의 인사권이 미치게 되면 장관이 그 부서를 장악하는 것은 어렵게 될 수밖에 없다. 더욱이 앞서 지적한 대로, 캠프 중심의 국정 운영이 이뤄지는 상황에서 공기업에까지 미칠 수 있는 광범위한 인사권을 청와대가 갖고 있다는 의미는 이들에 대한 논공행상에 청와대가 쉽사리 개입할 수 있음을 뜻한다. '낙하산' 논란이 잦은 데는 이러한 이유가 있는 것이다.

청와대의 특별 감찰 기능도 이와 유사한데, 과거에는 경찰청 조사과, 흔히 말하는 사직동 팀이나 국정원에서 이를 담당하고 있었다. 그러던 것이 1997년 대선 당시 'DJ 비자금 수사'에 이어 1999년 '옷로비' 의혹 사건 내사와 관련해 권력 남용 등의 문제로 논란의 대상이 되면서 결국 폐지된다. 그러던 것이 이후 노무현 정부 때 민정수석실 산하 사정비서관, 현재 반부패비서관의 하위 조직으로 재편되게 된다.

그런데 문제는 특별 감찰이라는 정의 자체가 매우 애매하다는 데 있다. 감찰의 대상은 비서실 직원, 고위 공직자, 대통령 친인척, 그리고 대통령과의 특수 관계자로 되어 있다. 그런데 대통령과 특별한 관계가 있는 사람이 누군지는 사실 명확하게 정의내리기 어렵기 때문에 경우에 따라서는 정치인 등에 대한 사정기구로 활용이 될 수 있는 가능성도 있다. 즉 권력 남용의 가능성이 얼마든지 존재한다.

이명박 정권 때는, 청와대도 아니고, 국무총리실 산하 공직윤리지원관실에서 민간인 불법 사찰이 이뤄져 커다란 논란을 빚기도 했다. 청와대로 기능과 권한을 집중시키려고 할 것이 아니라 기존의 제도, 기구들을 효과적으로 활용하려는 노력이 중요하다. 행정적이고 기능적으로 움직여야 할 자리에 정무적으로 임명된 이들이 정치적 의도를 가지고 움직인다면 문제가 발생할 수도 있기 때문이다.

'제왕'에서 '절름발이 오리'로

새로이 선출된 대통령은 취임 초 높은 인기를 누리는 것이 보통이다. 국민들은 새 대통령에 대해 높은 기대감을 갖게 되며 언론 역시 호의적인 기사를 내보낸다. 반면 패배한 야당은 한동안 침체될 수밖에 없다. 취임 초 대통령은 이처럼 매우 유리한 환경 속에서 강력한 권력을 행사할 수 있다. 국민 사이의 높은 인기를 토대로 개혁과 변화의 명분으로 각종 법률의 입법을 추진하면 야당은 상당한 압박감을 느낄 수밖에 없다. 여당도 설사 정책이나 법안에 문제점이 있더라도 제대로 문제 제기를 하기 어렵고 대통령의 뜻을 관철하려고 한다.

여기에 과거의 '적폐'를 문제 삼아 검찰, 경찰, 국세청, 공정거래위원회, 혹은 국정원 등 이른바 권력기관을 동원하여 반대파 등을 압박할 수 있다. 더욱이 앞서 지적한 대로 인사권도 청와대가 쥐고 있다. 한국 대통령은 이처럼 임기 초에는 '제왕적'이다. 정치제도적으로 한국 대통령에게 제왕적 권력을 부여한 것은 아니지만 여론의 높은 지지도, 이른바 권력기관의 동원, 그리고 인사권 등을 통해 대단히 강력한 권한을 행사할 수 있다.

그러나 막강한 권한을 가진 제왕적 대통령은 국회와 행정부의 권력 불균형 및 견제와 통제력의 상실로 많은 문제점을 낳을 수밖에 없다. 권력의 집중으로 야당과의 협력이나 국민적 통합도 제대로 이뤄낼 수 없다. 더욱이 앞서 지적한 대로, 우리나라의 대통령제는 민주화 이후에도 제도적으로 박정희나 전두환 정권의 대통령제와 단절하지 않았다.

의회와 법원이 강해지고, 시민사회의 활성화나 언론의 자율화를 이뤘지만 우리의 현 대통령제는 권위주의 시대에 강화된 형태에서 본질적으로 벗어나지 못했다. 따라서 우리나라의 대통령제는 이대로 유지할 경우 계속해서 강한 대통령으로 나아갈 수밖에 없다.

그런데 문제는 이렇게 '제왕적'으로 보이는 대통령이지만 정책적으로는 그다지 강한 대통령이 아니라는 데 있다. 대통령의 정책은 국회에서 법안이 통과되거나 국회의 예산 동의에 의해서만 실현될 수 있다. 그러나 대통령의 소속 정당이 국회 다수파인 경우에도 대통령이 원하는 법안이 국회를 통과하기는 현실적으로 쉽지 않다. 우리 국회는 다수결 방식보다 합의제 방식에 의해 운영되는 경향이 강하기 때문에 야당과의 합의가 제대로 이뤄지지 않으면 법안 통과는 쉽게 이뤄지지 않는다.

과거 과반 의석을 차지한 여당이 표결 처리를 하면 '날치기'라는 비판을 받곤 했다. 이제는 이른바 '국회선진화법'으로 일방적인 표결 처리가 더욱 어려워졌다. 이러한 상황에서 대통령의 정당이 국회 내 과반 의석을 차지하지 못하는 여소야대가 되면 법안 하나 통과시키기도 매우 어렵다. '제왕적' 대통령이라고 불리지만 정작 필요한 정책의 추진이나 법안의 통과에 관해서는 결코 강하지 않다. 거의 매년 예산안 통과는 법정 기일을 넘기기 일쑤고, 여야 의원들이 법안 처리와 관련하여 심하게 다투거나 심지어 국회 내에서 농성을 벌이거나 장외로 나가는 모습도 종종 볼 수 있다.

정권 말기에는 대통령의 통치력이 더욱 약화되며 야당뿐만 아니라 여당 내에서도 대체로 임기 말 지지도가 낮아지는 대통령과 차별화를 모색하면서 차기를 노리는 움직임이 일어날 수 있다. 이명박 정권 후반 한나라당 박근혜 대표가 이명박 정부가 제출한 세종시 수정안에 대해 야당과 같이 반대표를 던져 이를 부결시키고, 차기 유력 대선 주자로서의 이미지를 높였던 것이 그 예가 될 수 있다. 이명박 대통령뿐만 아니라 모든 대통령에게 이러한 일은 일어날 수 있다.

사실 5년 단임이라고 해도 대부분의 대통령은 임기 초반 시행착오를 겪기 마련이다. 모든 대통령은 아마추어로 시작할 수밖에 없기 때문이다. 따라서 이상에 가득 찬 새로운 정책을 추진하지만 현실과 잘 맞지 않는 결과를 접하면서 정책의 방향을 수정하는 경우가 많다. 이러한 시행착오의 기간이 짧으면 반년, 길면 1년 혹은 그 이상이 될 수도 있다.

그리고 마지막 임기 1년 동안 대통령은 레임덕lame duck이 된다. 사람들의 관심은 차기 대통령 후보들에게 몰리기 때문이다. 따라서 임기 마지막 해에 중요한 정책을 새로이 추진하기는 사실상 불가능하다. 그렇다면 5년 임기라고 해도 일할 수 있는 기간은 길어야 3년 반, 혹은 그보다 짧을 수 있다.

그마저도 대통령 자신이라면 더 말할 것도 없고 측근이나 친인척이 개입된 대형 스캔들이 터져 나와 도덕성을 상실하면 레임덕의 시기는 더욱 빨라질 수밖에 없다. 임기의 차이로 모든 대통령은 재임 중 국회의원 선거나 지방선거를 만나게 된다. 그리고 임기 중 선거에서 집권당의 패배는 대통령의 리더십에 타격을 준다.

특히 임기 후반에 실시된 선거에서 집권당이 패배하면 이는 레임덕을 재촉할 수 있다. 박근혜 대통령의 경우에는 임기 후반인 2016년 4월 13일 제20대 국회의원 선거에서 새누리당이 패배하고 그 뒤 '최순실 게이트'라는 대형 스캔들이 터지면서 더 이상 버틸 수 없게 되었다.

이처럼 우리나라의 대통령은 임기 초반 제왕적 대통령으로 등장하지만 어느 순간 레임덕 대통령으로 바뀌고 만다. 더욱이 제왕적이라고 해도 권력기관이나 여론의 높은 지지에 힘입은 것일 뿐 실제 정책을 입법화하고 추진하는 데는 그렇게 강한 권력을 갖고 있다고 보기 어렵다. 실제 일하는 것으로는 약하고 정치적으로는 강한 대통령제인 것이다.

단절된 정부, 단절된 정책
여기에 국가적으로 더욱 심각한 문제는 장기적인 국가 과제의 설정이 어렵다는 것이다. 그 이유는 한국의 대통령과 대통령 간의 관계가 '단절적'이기 때문이다. 후임 대통령은 전임 대통령의 정책을 결코 이어받으려고 하지 않는다. 전임 정부에서 심혈을 기울인 정책일수록, 다시 말해 큰 관심을 갖고 많은 예산을 투입한 정책일수록 후임 대통령은 이를 무시하기 쉽다. 신임 대통령은 이전의 정권에 대한 '부정否定의 정치'를 반복한다.

    박근혜 정부가 들어서면서 이전 이명박 정부가 열정적으로 추진했던 '녹색성장'은 정부 내에서 완전히 사라지고 말았다. 박근혜 정부가 추진하던 '창조경제' 역시 그 당시 많은 사람들이 다음 정부가 들어서면 없어질 것으로 예측

했고 실제로 그렇게 되었다. 전임 정부에서 공을 들인 사업이라면 사실 상당한 성과가 나타나고 있거나 곧 성과가 나타날 가능성이 큰 상황이기 쉽다. 하지만 성과 여부와 무관하게 이전 정부의 대표적 사업은 후임자에 의해 폐기되어 왔다.

그러다 보니 비슷비슷한 정책이 새 정부가 들어설 때마다 또다시 새롭게 시작되기 마련이다. 정책 기조의 지속을 통해 한 단계 더 발전된 수준에서 시작하는 것이 아니라 또다시 원점으로 돌아가게 되는 것이다. 이 때문에 국가 주요 정책의 성과는 미진하고 국민들은 답답해하지만 세상은 좀처럼 잘 바뀌지 않게 된다.

교육 정책이든, 과학기술 정책이든, 대북 정책이든, 보건이나 복지 정책이든 10년 이상 긴 시간 동안 같은 기조로 이어져야 제대로 된 성과도 나타나고 사회도 변화해갈 수 있을 것이다. 그러나 현재의 대통령제에서는 그러한 성과나 변화를 기대하기 어렵다. 현재 우리 사회의 문제가 해결되지 않고 고착화되는 것이다.

정권의 이러한 단절은 정책의 방향뿐만 아니라 관료제에도 영향을 미친다. 예컨대 이명박 정부에서 '녹색성장'과 관련된 매우 중요한 역할을 했던 담당자는 아무리 유능한 관료였다고 해도 정권이 바뀌면서 오히려 '이전 정권 사람'으로 몰려 인사나 보직에서 불이익을 받을 수 있다. 중요한 국가 정책이라고 관료들이 열심히 일할 유인은 약화될 수밖에 없고 대통령 임기 후반이 되면 이러한 경향은 더욱 심각해질 것이다.

어떤 대통령이 재임하든 국무회의는 대통령이 말하고 장관들이 받아 적는 모습으로 기억된다. 이러한 모습은 특히 박근혜 정부 때 심했다. 그렇지만 그렇게 많은 대통령의 지시가 실제 정책을 담당하는 부서에서 얼마나 실현되었는지는 알 수 없다. 그 시기를 돌아보면 딱히 국가 정책이 효율적으로 돌아갔다는 인상을 갖지 못한다. 결국 아무리 많은 지시를 대통령이 내린다고 해도 관료제가 움직이지 않으면 효과를 낼 수 없는 것이다.

왜 '개헌'을 말하는가

우리 사회에서 끊임없이 개헌에 대한 이야기가 나오는 것은 앞서 살펴본 대통령제의 여러 문제 때문이다. 여러 가지 대안이 제기되었지만 선뜻 이해하기 힘든 것은 4년 중임 대통령제를 대안으로 하자는 주장이다. 5년 단임이든 4년 중임이든 결국 마찬가지의 대통령제이기 때문이다. '제왕적'이라는 대통령제가 4년 중임이면 달라질 것으로 기대하기는 어렵다. 이외에 4년 중임이 적절한 대안으로 보기 어려운 점이 또 있다.

4년 중임제는 사실 8년의 임기를 허용하자는 것을 의미한다. 하지만 재선에 실패한다면 4년 단임 대통령이 되고 만다. 오히려 지금보다 더 못한 경우다. 그리고 현실적으로 중임을 허용하면 첫 번째 임기의 가장 큰 목표는 재선으로 모아질 수밖에 없다. 재선을 위해서라면 첫 4년의 주요 정책은 인기 영합적인 형태로 흘러갈 가능성이 많다. 장기적 국가 과제의 설정보다는 단기적으로 효과가 나타날 수 있는 인기 영합적 정책에 더 큰 관심을 갖게 될 것이다. 이후 재선에 성공한다고 하더라도 나머지 4년은 퇴임을 향해서 가고 있으므로 지금의 모습과 크게 차이가 없을 것으로 보인다.

또 한 가지 우려되는 점은 지금처럼 정파적, 이념적 양극화가 심각한 상황에서 4년 임기를 마친 후 현직 대통령이 다시 출마했을 때 과연 공정한 선거가 가능할 것인지 의

구심이 든다. 2012년 12월 19일 치러진 제18대 대통령 선거에서 사이버사령부나 국정원의 댓글 공작에서 보듯이 자기 편의 승리를 위해 공적 조직이 동원될 수도 있을 것이라는 우려가 든다. 승리하면 모든 것을 다 갖고 패배하면 아무것도 갖지 못하는 승자독식의 구조에서 현직 대통령의 재출마는 선거 승리를 위해 무슨 짓이든 다 하고 싶은 유혹에 빠지기 쉽다. 이러한 이유 때문에 2017년 3월 문재인 대통령이 개헌을 제안하면서 4년 중임제를 들고 나온 것은 적절한 대안이라고 보기 어려웠다.

우리나라의 대통령제는 대통령 한 사람에게 모든 권력이 집중되어 있기 때문에 누가 대통령이 되느냐에 따라 정말 많은 것이 하루아침에 바뀐다. 외교, 국방, 경제, 문화, 복지, 노동 정책뿐만 아니라 과학기술 정책도 바뀐다. 어느 대통령은 원자력발전을 산업적으로 육성하려고 한다면 다른 대통령은 이를 폐기하려고 한다. 북한과의 관계도 누가 대통령이 되느냐에 따라 하루아침에 달라지고, 심지어 역사를 바라보는 시각도 누가 대통령이 되느냐에 따라 달라진다.

이처럼 사실상 국가 정책의 전부에 영향을 미치는 막강

한 한국 대통령이지만, 그러한 대통령이 되기 위해 역량을 키우고 충분한 집권의 준비를 갖춘 후보자들을 만나기는 점점 더 어려워지고 있다. 과거에는 독립운동을 했거나 민주화 운동을 하면서 일반인과 다른 카리스마적 리더십을 확립해온 이들이 대통령이 되었지만, 이제는 그렇게 강한 리더십과 권위를 갖춘 인물을 만나기 어렵게 되었다.

정치 전반에 대한 불신과 불만이 큰 상황에서 사람들은 제도권 정치에서 오랫동안 활동하고 성장해오면서 경험을 쌓고 검증을 받아온 인물보다는 정치적 경험을 갖추지 못한 제도권 정치 외부의 인물에게 더 호감을 갖기 쉽게 되었다. 더욱이 대중매체의 영향으로 '이미지 정치'가 중요해졌기 때문에 TV 등을 통해 갖게 된 특정 유명 인사에 대한 호감, 좋은 인상이 정치적 인기로 이어지기도 한다. 이러한 대중적 호감도는 언론사의 여론조사의 형태로 확대 재생산되면서 정치적 경험이 없는 인물이 하루아침에 유력한 대통령 후보로 떠오르기도 한다. 이처럼 우리 사회는 포퓰리즘populism에 매우 취약한 구조가 되었다.

부동산 개발 업자 출신인 트럼프가 2016년 미국 대통령 선거에서 당선된 것은 미국뿐만 아니라 세계적으로 엄청난 쇼크를 주었지만 이러한 일이 반드시 미국에서만 일어나라는 법은 없다. 미국은 주 정부에 상당한 권한이 부여되어 있고 삼권분립도 엄격하게 지켜지고 있지만, 우리나라의 대통령에게는 대단히 강한 권력이 집중되어 있다는 점에서 우리나라가 치를 포퓰리즘으로 인한 대가는 미국에 비할 바가 아니다.

통치 형태 변화의 필요성

지금까지 살펴본 우리나라의 대통령제 특징을 간단히 정리하면 다음과 같다. 먼저 우리의 대통령제는 3·1 운동 이후 설립된 임시정부에서의 정부 형태 논의, 그리고 그것과 연계된 해방 공간에서의 논의, 그리고 제헌국회에서 이승만 대통령과 한민당 간의 대립 등의 역사적 과정을 거쳐 만들어졌다. 외형상 유사한 대통령제이지만 미국 대통령제와 우리는 전혀 다른 출발점에서 시작해 사실상 그 경로도 다르게 발전해왔다. 여기에는 우리나라만의 고유한 역사적 경험이 반영되어 있다.

한국 대통령제는 제헌헌법에서 만들어진 이후에 군사 쿠데타나 헌정 중단 등의 여러 가지 정치적 격변에도 불구하고 오늘에 이르기까지 본질적으로 큰 변화 없이 70여 년 동안 계속해서 유지되고 있다. 이처럼 우리나라의 대통령제는 경로 의존적으로 전개되어왔다. 특히 우리나라의 대통령제가 인물 중심적인 특성을 강하게 지니게 된 것은, 원래 고안했던 견제받는 대통령제가 이승만 대통령에 의해 왜곡되기 시작하면서부터다. 그 뒤 박정희, 전두환 대통령 등에 의해 독재 정치의 시기를 거치면서 이러한 특성은 더욱 강화되었다.

비록 1987년 민주화되었지만, 당시의 개헌은 대통령 직선제라고 하는 절차적 민주주의의 회복에 집중되어 있었다. 당시 개헌을 이끈 이들은 민주화를 유신 이전의 상태로의 회귀로 생각했지만, 동시에 제3공화국, 유신 체제, 전두환 정권 등을 거치면서 점차 강화되어온 대통령의 권력을 약화시키려고 하지 않았다.

즉 87년 체제의 대통령은 일부 조항의 수정이나 폐기에도 불구하고 근본적으로는 유신 체제, 전두환 체제와 맞닿아 있다. 이 때문에 민주화 이후에도 대통령은 '제왕적'으로 존재할 수 있었던 것이고 청와대의 규모와 권한은 더욱더 증대되어 갔다. 이처럼 현재 한국 정치의 근본적 문제는 한 사람에게 모든 권력이 집중되고 또 그러한 권력 집중이 청와대를 중심으로 더욱 심화되어 가고 있는 대통령제에 있다.

4년 중임이든 7년 단임이든 무슨 형태라고 해도 대통령제가 유지되는 한 이러한 문제로부터 근본적으로 벗어날 수 없다. 즉 권력이 대통령 1인에게 집중된 형태에서 벗어나야만 고질적인 한국 정치의 문제를 해결할 수 있다. 국가의 안정적이고 지속적인 발전, 갈등과 대립의 정치로부터의 탈피, 일반 시민들 간의 이념적, 정파적 분열의 극복. 이 모든 것을 위해서는 대통령제로부터 통치 형태를 바꿔야 한다.

민주의 얼굴을 한 제왕적 대통령에서 벗어나기 위해 우리는 보다 장기적인 측면에서 국가 발전을 도모하고 바람직한 통치 형태로 나아가는 방법을 함께 찾아나가야 할 것이다. 그동안 개헌에 대한 이야기가 나올 때마다 종종 제시되어 왔던 미국형 대통령제, 내각제, 이원 정부 등과 같은 이상형 ideal type 을 중심으로 한 논의에서 벗어나, 그간의 우리의 역사적 경험에 기반한 혼합형 체제에 관한 심도 있는 논의가 필요할 것으로 보인다. 다시 말해 외국의 제도에 대한 그대로의 모방보다 임시정부 이래 오늘날까지 이어져 온 우리 정부 형태의 특성에 대한 이해 속에서 바람직한 대안에 관한 모색이 필요하다.

Q 묻고

A 답하기

대통령제의 단점을 극복하고 변화의 부작용을 가장 최소화할 수 있는 대안에는 무엇이 있는가?

국민적 합의가 필요한 부분이기에 하나의 안을 제시하기보다는 앞으로의 정치가 나아가야 할 방향을 이야기하는 것이 좋을 듯하다. 정치는 서로 다른 입장을 갖는 집단끼리 타협과 양보에 의해 합의를 도출해내는 과정이다. 그래서 정치는 사회적 갈등을 해소하고 통합을 촉진하는 기능을 한다고 말하는 것이다. 그러나 지금은 이러한 정치가 존재하지 않는다. 정치가 다시 살아나야 한다.

이를 실현할 수 있는 가장 중요한 제도적인 기관이 바로 국회다. 국회는 국민의 대표자가 모여 있는 곳으로, 이곳에서 모여 협의 및 논의하며 국정을 이끌고 나가는 방식이 대통령 혼자서 모든 것을 판단하고 결정하는 것보다 훨씬 바람직한 방향이다. 그러한 이유 때문에 개인적으로는 의회 중심의 통치 형태, 내각제가 바람직하다고 생각한다.

만약 현실적으로 의회에만 힘을 실어주기 힘든 상황이라면 대통령에게 중재적인 역할을 할 수 있는 권한을 부여하되, 실질적인 통치는 국회에서 하는 시스템을 고민해볼 필요가 있다. 의회가 총리를 선출하여 내각을 구성하게 하고 의회에 책임을 지도록 하는 내각제적 속성을 갖지만, 대통령이 총리 지명이나 법률안 거부권, 혹은 의회 해산권 등 총리와 내각을 견제할 수 있는 권한을 부여하는 방안을 생각해볼 수 있다. 임시정부 때의 정부 형태나 해방 공간에서의 논의에서도 이러한 형태의 구상을 찾아볼 수 있다.

이와 관련하여 반드시 지적하고 싶은 점은 이른바 '분권형 대통령제'에 대한 오해다. 일부에서는 분권을 대통령과 총리에게 책임지고 이끌어갈 정책 사안을 나눠주는 것이라 이야기한다. 예컨대 대통령에게는 외교, 국방, 안보, 통일과 관련된 권한을 부여하고, 경제 정책 등 나머지 권한은 총리가 갖는 방식이다. 그러나 이처럼 권력의 위임이 불명확한 정치야말로 가장 회피해야 할 위험한 시스템이다.

과연 한미 FTA는 외교 문제일까, 경제 문제일까? 개성 공단은 경제 문제일까, 대북 문제일까? 보기에 따라 다를 수밖에 없다. 이러한 상황에서 대통령과 총리의 의견이 엇갈리거나 정책의 영역을 두고 다투게 된다면 정치적으로는 최악의 결과가 초래될 수밖에 없으며 정치체제는 매우 불안정해진다.

권한의 위임이 명확하지 않은 채 권력이 나눠지는 것은 대단히 위험하다. 아무리 법으로 권한을 꼼꼼하게 정해둔다고 해도 권력의 세계에서는 그러한 경계를 얼마든지 뛰어넘을 수 있다. 미국의 헌법을 만든 이들은 권력에 대한 불신, 인간에 대한 불신에서부터 출발하여 정치 시스템을 고안했다. 권력을 담당할 자들의 선의에 의존해서, 혹은 그들의 '준법정신'에 의존에서 애매한 권한의 배분을 규정하는 것은 매우 위험한 일이다.

2부

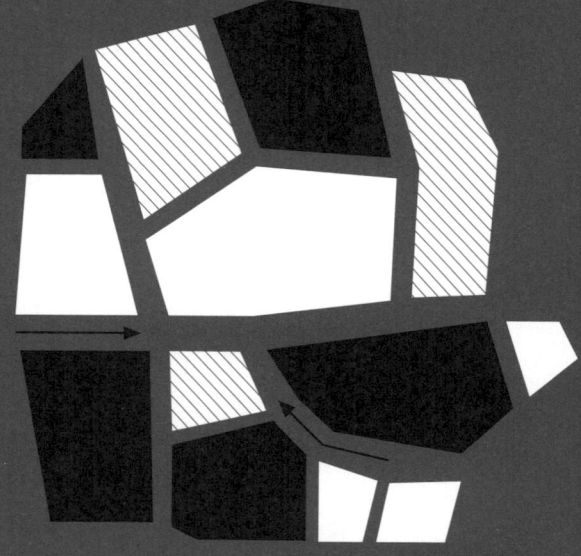

선거,
격변을
예고하는

중요한
시그널

권위주의 권력은 선거를 통해 정당성을 얻고자 했지만, 동시에 무자비한 독재의 몰락을 예고하기도 한다. 선거는 들끓는 민심의 반영이며 오늘날 민주주의 가치 실현의 제일 조건이다.

한국 정치사를 이끌어온 '선거'의 의미

선거, 민주주의의 핵심 기제

선거는 복수의 경쟁적 후보 가운데 공직을 담당할 인물을 유권자들이 선택하는 과정이다. 국민이 나라의 주인이고 정치 권력의 원천이라는 것을 보여주는 민주주의의 매우 중요한 정치적 행사이기도 하다. 우리나라의 역사를 돌이켜볼 때 주요한 정치적 격변은 모두 선거와 관련되어 있었다는 점 또한 매우 주목할 만하다.

이승만 정권을 무너뜨린 4·19 혁명뿐만 아니라 1987년의 민주화 역시 내 손으로 대통령을 뽑겠다는 선거 정치와 관련이 깊다. 한국에서 선거는 어떤 상황에서도 중단된 일 없이 주기적으로 실시되어 왔으며 선거 과정이 공정하게 진행되지 못했던 권위주의 체제하에서도 국민의 뜻이 표출되는 공간으로 작동해왔다. 어쩌면 한국 정치사는 자유롭고 공정한 선거에 대한 권력의 왜곡, 그리고 이에 대한 시민사회의 저항의 역사였다고 할 만큼 민주화 이전 한국 정치의 주요한 변화를 이끌어왔다.

정치의 기능은 무엇일까? 정치가 줄 수 있는 기능 중에서 가장 중요한 것은 질서의 유지다. 갈등과 다툼을 제도화해 사회를 안정적인 상태로 유지하는 것이다. 그러한 점에서 본다면 정치의 공간인 국회는 본질적으로 싸울 수밖에 없는 장소다. 사회의 다양한 이해관계, 가치관의 충돌을 정치적 제도와 절차를 통해 해결하지 못한다면 사회는 갈등과 대립, 충돌로 가득 찬 세상이 될 것이다.

영국의 정치 사상가 토머스 홉스Thomas Hobbes는 『리바이어던Leviathan』에서 국가나 정치가 존재하지 않았던 상태를 자연 상태라고 부르면서, 자연 상태에서는 만인의 만인에 대한 투쟁the war of all against all이 일어난다고 보았다. 강한 자가 약한 자를 죽이고, 약탈과 다툼이 벌어지는 무질서의 상태인 것이다. 홉스는 국가란 이러한 자연 상태에서 시민들 각자가 자신의 권리 중 일부를 포기한 결과 만들어진다고 보았다.

시민이 자신의 자유와 권리의 일부를 주권자에게 위임하고, 그 주권자는 정치적 질서와 안정을 유지하도록 하는 사회계약을 맺는다는 것이다. 홉스는 이를 국가의 탄생이라고 했다. 이처럼 정치가 하는 가장 중요한 기능은 우리의 삶이 법과 질서에 의해 평화롭게 영위될 수 있도록 하는 것이다.

그런데 누가 그러한 권력을 담당할 것인가? 이것 역시 심각한 사회적 갈등과 대립, 분열을 이끌어낼 수 있다. 디즈니의 만화영화 〈라이온 킹〉을 보면 동물의 세계에서 권력의 찬탈이 얼마나 거칠고 폭력적인지를 이해할 수 있다. 그러나 이러한 거칠고 폭력적인 권력의 쟁탈은 비단 동물 세계에서만 일어나는 것은 아니다.

인간 세계에서도 그리 다르지 않은 경우가 역사적으로 많이 있었다. 무력을 통한 쿠데타, 유혈 혁명, 폭력적 봉기 등으로 권력을 장악해온 역사를 우리는 어렵지 않게 볼 수 있다. 아프리카의 많은 나라들처럼 권력의 소재를 두고 사회가 집단적으로 두 쪽으로 갈려 아예 내전의 상태가 장기간 지속되면서 끊임없는 불안정이 이어지는 경우도 있다.

이 때문에 폭력과 무질서를 피하기 위해서는 누구에게 권력을 위임할 것인가에 대한 절차를 마련하는 일이 중요하다. 사우디 아라비아나 브루나이와 같은 왕국에서는 특정 가문에 의해 권력이 세습된다. 북한 역시 마찬가지다. 그러나 이러한 방식의 권력 위임은 국민의 뜻과는 무관하게 이뤄진다.

국가라는 정치 공동체 구성원 모두의 뜻을 반영하면서도 폭력적인 형태를 수반하지 않고 권력을 정할 수 있는 방법이 바로 선거다. 이는 민주주의가 낳은 매우 훌륭한 정치 제도다. 선거를 통해 국민들은 다수의 뜻에 의해 권력을 담당할 사람을 결정한다. 국민 다수의 동의에 기반한 권력, 주기적으로 국정 운영에 대한 정치적 책임성을 평가받아야 하는 권력. 이처럼 선거는 민주주의 사회에서 정치적 권위의 정당성^{legitimacy}의 원천이 되며 대의민주주의의 핵심적 기제가 된다.

선거는 우리 사회가 나아갈 방향을 집단적으로 결정하는 기회이기도 하다. 우리는 5년에 한 번씩 대통령 선거를 통해 국가의 미래 방향을 정한다. 경쟁적인 후보들은 각기 다른 공약을 제시한다. 누구는 시장의 효율성을 높이겠다고 하고 다른 이는 효율성보다 형평성을 강조하겠다고 한다. 또한 누구는 남북 관계를 개선하겠다고 하고 다른 이는 북한에 대한 군사적, 경제적 압박을 강화하겠다고 한다. 국가 정책에 대한 이러한 상이한 방향 가운데 우리는 선거를 통해 그중 하나의 방향을 선택하게 되는 것이다.

따라서 선거, 그중에서도 대통령 선거는 최고 권력자에게 통치할 수 있는 정당성을 부여해주는 기회이기도 하지만, 그와 함께 우리 사회가 향후 5년 동안 어디로 가야 하는지를 결정하는 매우 중요한 선택이기도 하다. 이는 국가의 미래 방향에 대한 집단적인 선택이며, 동시에 선택된 대안에 대한 정당성과 추진 동력을 제공한다.

그러므로 선거는 공정하고 자유롭게 치러져야 뒤탈이 없다. 여기에서 뒤탈이 없다는 것은 정치적인 안정을 유지할 수 있다는 의미다. 패자가 선거의 결과에 승복하고 결과를 받아들이게 될 때 선거는 정치적 안정을 갖고 사회 질서는 확립된다. 그리고 이에 따라 민주주의는 정상적으로 작동한다.

따라서 한 사회의 민주주의가 공고화되었다고 할 때 이를 판단하는 중요한 조건이 자유롭고 공정한 선거가 권력을 다투는 유일한 방식으로 받아들여지고 있느냐의 여부다. 즉 자유롭고 공정한 선거만이 권력을 차지할 수 있는 유일한 방법the only game in town으로 자리 잡고 있는가 하는 것이다. 선거는 복수의 대안을 통해 자유롭고 공정한 경쟁을 가능하게 하며, 이는 민주주의를 공고화시킨다.

한국 정치사에서 정치적 격변의 중심에는 항상 선거 정치가 있었다. 박정희와 전두환 대통령은 모두 쿠데타를 통해 무력으로 권력을 장악했지만 두 군인 출신 대통령에 대한 세간의 평가는 다른 것 같다. 대부분의 사람들이 박정희 대통령을 전두환 대통령보다 높게 평가한다. 박정희 대통령의 경우 경제 성장에 대한 성과, 전두환 대통령의 경우 광주 시민에 대한 학살을 떠올린다는 차이도 있지만 보다 근본적으로는 쿠데타 이후 대통령직에 어떻게 올랐느냐의 차이가 크다.

박정희는 5·16 군사 쿠데타로 제2공화국을 무너뜨리고 군정을 실시한 후 1963년 10월 15일 제5대 대통령 선거에서 야당의 윤보선 후보와 매우 치열한 선거전을 거쳐 대통령이 되었다. 두 후보 간의 표 차이는 불과 15만 표였다. 아주 공정한 선거는 아니었겠지만 그래도 매우 경쟁적인 선거를 통해 박정희는 대통령이 되었다.

이에 비해 전두환은 1980년 5월 17일 비상계엄 확대 조치 이후 유신 체제의 유산인 통일주체국민회의를 통해, 그리고 그 이후에는 그것과 별반 다르지 않은 선거인단 선거를 통해 대통령에 올랐다. 두 번 다 이른바 '체육관 선거'로 대통령이 된 것이다. 선거인단 선거는 통일주체국민회의처럼 체육관에 한데 모여 투표하지 않았지만 체육관에 모이지 않았을 뿐 사실상 의미 없는 형식상의 선거라는 점에서 이 또한 체육관 선거라고 할 수 있다. 그런 만큼 박정희와 전두환이 대통령직에 오르면서 갖게 된 정치적 정당성에는 차이가 컸다. 이처럼 심지어 권위주의 통치자들에게까지도 국민적인 동의를 얻는 절차를 가졌느냐, 그렇지 못했느냐의 차이가 매우 큰 것이다.

미군정하에 치러진 우리의 첫 선거

우리나라 최초의 선거는 미군정 시기에 있었다. 미소공동위원회가 무산되면서 남북한의 통일된 정부 수립이 불투명해지자 미군정은 남한만의 단독정부를 수립하기 위해 남조선과도입법의원을 설립하기로 했다. 앞서 말했듯이 여기에 소속된 총 90명의 입법의원 중 45명은 1946년 10월 간접 민선으로, 45명은 미군정 사령관 하지 중장의 임명을 통해 관선 방식으로 선출되었다.

이처럼 남조선과도입법의원은 정책 집행의 책임을 맡고 있던 미군정에서 반관선半官選 반민선半民選의 준準 대의기구를 구성해 선거법을 제정하고 이를 토대로 완전한 대의기구를 마련하겠다는 계획에 의해 실시되었기 때문에 사실상 독립성이나 자주성을 갖는 입법기구는 아니었다.

또한 선거라 해도 각 지역의 리里, 정町에서 대표를 선출하면, 여기에서 다시 읍邑, 면面, 구區의 대표를 선출해 최종적으로 시, 도에 배정된 수의 입법의원을 선출하는 것이었다. 지금의 기준에서 봤을 때는 여러 가지 부족한 점이 많고 직접선거도 아니었기 때문에 큰 의미를 부여하기 어려울 수도 있지만, 선거라는 형식이 최초로 우리나라 땅에서 전국적인 형태로 치러졌다는 것에 그 의미가 있다.

남조선과도입법의원은 남한만의 선거를 대비하여 선거법을 제정한다. 당시 남조선과도입법의원의 민선의원은 한민당 계열이 주축이었으며 관선의원은 김규식이 주도하는 중도파가 다수였다. 두 집단 간 서로 정치적 이해관계가 달랐기 때문에 선거법 제정 과정에서 상당한 격론이 벌어졌는데 그 결과 만들어진 선거법은 보수 세력에게 보다 유리한 방식이었다.

그때나 지금이나 보수 정치 세력은 변화와 개혁을 선호하는 젊은 층을 배제하고자 선거권 연령을 높여 선거권은 23세부터, 피선거권은 25세부터 부여한다. 또한 투표 방식을 기표記票가 아닌 지지하는 후보자의 이름을 직접 쓰도록 하는 자서自書 방식으로 정했는데, 1945년 당시를 기준으로 할 때 문맹률이 거의 80퍼센트에 달했던 것으로 보면 사실상 대부분의 유권자들을 선거로부터 배제하는 것이었다.

또 다른 논란거리는 38선 이북에 본적을 둔 남한 거주자들의 투표를 따로 집계해 266석의 의석 중 36석을 할당한 것이다. 이북에 대한 대표성을 인정하기 위해 월남인들을 위한 특별 선거구를 만들자는 것인데, 대표성도 불분명하고 남한 본적자에 비해 대표성이 과도 대표될 수 있다는 문제가 있었다. 그런데 보다 중요한 점은 월남한 이들이 매우 강한 반공주의 성향을 갖고 있기 때문에 당시 정국에서 한민당 등 강한 우파 정당의 정치적 영향력을 강화시킬 수 있다는 것이었다.

한편 친일파에 대해서는 별도의 법령에 의해 선거권, 피선거권을 박탈하기로 했으나 친일파처벌법의 무산으로 효력을 미치지 못했다. 후일 보다 완화된 형태로 이러한 규정이 도입된다.

이를 바탕으로 최종적으로 우리나라의 선거를 감시하기 위한 유엔한국위원단과 미국 국무부의 최종 협의를 거쳐 수정된 내용의 선거법이 마련된다. 결론부터 말하자면 남조선과도입법의원에서 제정한 선거법은 이 과정을 거치면서 대폭 수정된다.

선거권은 21세, 피선거권은 25세로 낮춰진다. 21세 선거권은 그 이후 장기간 지속되다가 4·19 혁명 이후 1960년에 20세로, 그리고 그 뒤 45년이 지난 2005년에 19세로 낮춰졌다. 오늘날에는 우리나라를 제외한 모든 OECD 국가의 선거 연령이 18세라는 점에서 우리도 낮춰야 할 것이다. 투표 방식도 자서가 아닌 기표로 바꾸었고, 투표소에 후보자 얼굴도 게시하고 숫자도 작대기로 표시해 글을 모르는 사람이라도 알아보기 쉽게 만들었다. 북한에 본적을 둔 월남민을 위한 특별 선거구는 폐지했다.

이러한 과정을 거쳐 미군정 사령관 하지가 발표한 국회

의원 선거일은 애당초 5월 9일이었다. 그런데 실제로는 하루가 늦춰져 5월 10일에 제헌국회 선거가 치러졌다. 그렇게 된 데는 두 가지 이유가 있었다. 무엇보다 중요했던 것은 1948년 5월 9일은 일식日蝕이 예정되어 있었기 때문이다. 당시 '남조선노동당(남로당)'에서는 단독선거 반대 무력 투쟁을 벌이고 있었고 김구, 김규식 등 민족주의 우파나 중도파의 선거 불참도 있었기 때문에 매우 불안한 상황 속에서 조심스럽게 선거 준비가 이뤄지고 있었다. 이런 때에 일식이 발생하면 당시 여전히 봉건적인 문화에서 벗어나지 못한 한국 사회에서 선거 진행에 부정적인 영향을 미칠 수도 있고 남로당 등이 부추기는 혼란이 발생할 수도 있다는 점이 우려되었다.

이와 함께 일요일, '주일'이었던 5월 9일에 투표하는 것을 기독교계에서 반대한 것도 그 이유였다. 이러한 이유로 일정을 바꿔 하루 지난 5월 10일 월요일에 선거를 치르기로 하고, 그날을 임시 공휴일로 지정해 투표했다. 그 뒤 오늘날까지 바뀌지 않은 채 선거일이 임시 공휴일로 지정되어오고 있다.

진정한 의미의 보통선거를 치르다

남조선과도입법의원 선거가 있기는 했지만, 진정한 의미의 우리나라 첫 선거는 1948년 총선거다. 당시 제주도는 4·3 항쟁으로 선거를 치르지 못해, 1년 뒤에 치른다. 이에 제주도에서 실시하지 못한 두 곳을 제외한 198개의 의석에 대한 총선거가 실시되었다. 앞서 언급한 대로, 21세 이상의 모든 남녀가 선거권을 갖는 최초의 보통선거였다. 소선거구 단순다수제로 각 선거구에서 1명의 최다 득표 후보가 뽑히는 방식이었다. 제헌국회 의원의 임기는 4년이 아니라 2년으로 정해졌다.

그러나 5·10 선거는 모두가 참여하는 '총선거'는 아니었다. 단독정부 수립에 반대했던 김구나 김규식 등의 민족주의 세력은 선거에 참여하지 않았으며, 남로당과 민족주의민족전선은 단선단정을 반대하는 이른바 2·7 구국투쟁을 전개한다. 그 결과 5월 14일까지 사망 334명, 부상 330명에 이르는 등 상당히 많은 사람들이 죽거나 다쳤다.

선거 결과 '대한독립촉성국민회(독촉국민회)' 54석, 한민당 29석, 대동청년단 12석, '조선민족청년단(족청)' 6석, 한독당 1석을 차지했다. 미 군정기에 여당처럼 활동했던 한민당이 29석밖에 얻지 못한 건 당시 국민 사이에 한민당이 인기가 없었다는 사실을 보여준다. 가장 많은 의석을 차지한 것은 85명의 당선자를 낸 무소속이었다. 당시 정당정치가 요즘처럼 활성화되지 않은 탓도 있지만, 다양한 이유로 무소속으로 출마한 이들도 많았다. 그래서 무소속 의원 중에는 한민당 계열도 있고 선거 참여를 거부한 김구의 한독당 계열 인사나 혁신계 인사도 포함되어 있었다. 그러나 전체적으로는 한민당으로 대표되는 우파 의원들이 많이 당선되었다.

당시 투표율은 95.5퍼센트였다. 오늘날까지 포함해서 가장 높은 투표율이다. 새로운 나라를 만드는 데 대한 관심이 높았기 때문이기도 하지만, 투표 참여를 사실상 강요하는 분위기가 존재했다. 당시에도 여론조사를 행했다. 1948년 4월 12일 서울 시내 충무로와 종로2가에서 지나가는 행인 1262명을 대상으로 조사한 결과 응답자의 74퍼센트가 유권자 등록을 했는데, 이 중 91퍼센트가 강요에 의한 것이라고 답했고, 청년단체나 반장이 강요했다고 말한 사람이 55퍼센트였다.[2]

투표를 이처럼 강요한 데는 몇 가지 이유가 있는데, 궁정적으로 보자면 최초의 선거인 만큼 사람들에게 참여의 중요성을 알리고 독려하기 위한 차원이라 할 수 있다. 그러나 한편으로는 남한만의 선거, 좌파는 물론 민족주의 우파 세력까지 불참한 한민당 중심의 선거인만큼 떨어진 정치적 명분을 되살리기 위한 목적이 컸다. 이러한 상황에서 투표율까지 낮으면 새로 구성되는 제헌국회의 정당성이 상당히 훼손될 수 있었기에 단독정부를 정당화시키고 새로운 정체에 정당성을 부여하기 위해 투표 참여를 독려했던 것으로 보인다. 다시 말해 투표 불참은 곧 단독선거 반대로 비춰질 우려가 있었던 것이고 이 때문에 우익 청년단체나 반장의 강요는 상당한 위협이 되었을 것이다.

선거 당시 치안 유지를 위해 우익 청년단체인 향보단이 조직되어 경비를 서기도 했다. 이처럼 선거 실시를 둘러싸고 여러 가지 일들이 일어났지만, 선거를 감시, 감독한 유엔한국위원단은 선거가 대체로 무난하게 치러졌다고 평가했다. 이렇게 우리의 첫 선거는 실시되었다.

대한민국 초대 대통령의 탄생

1948년 총선거로 제헌국회가 구성되고 거기에서 헌법이 만들어지면서 초대 정·부통령 선거가 실시되었다. 앞서 설명한 대로, 국회 헌법기초위원회를 주도한 한민당은 이승만의 요구에 굴복하여 마지막 순간에 내각제를 포기하고 대통령제를 받아들이는데, 이때 대통령을 국회에서 간접선거로 선출하도록 했다. 당시 정국에서 가장 인기 있는 지도자는 이승만이었다. 그만큼 이승만이 초대 대통령이 된다는 것에 대해서는 어느 누구도 의심하지 않았다. 우파뿐만 아니라 좌파에서도 이승만을 주석으로 추대했을 정도로 그는 인기 높은 인물이었다.

광복 후 미군정이 들어오기 전 여운형은 일본 총독부 아베 정무총감과의 회담 이후 해방 직후의 전환기를 관리할 '조선건국준비위원회(건준)'를 만들었지만, 박헌영을 비롯한 공산당 세력이 정치적 주도권을 장악하면서 건준 대신 '조선인민공화국(인공)'을 선포한다. 미군정이 들어오기 전에 국가 형태를 수립해 대등한 자격으로 논의하기 위해 나라를 하나 만든 것이다. 그런데 흥미롭게도 이때 인공의 주석으로 이들이 추대한 인물이 바로 이승만이었다. 당시 해방 정국에서 이승만의 인기도를 알 수 있는 대목이다.

1948년 7월 17일 제헌헌법이 제정 및 공포된 후 사흘

뒤인 7월 20일 초대 정·부통령 선거가 실시되었다. 이승만은 1차 투표에서 198표 가운데 무려 180표를 얻으며 압도적인 표차로 대통령에 당선되었다. 그 외 김구 13표, 안재홍 2표였다. 그 뒤 실시된 부통령 선거에서는 1차 투표에서 이시형 113표, 김구 65표, 조만식 10표, 오세창 5표, 장택상 3표, 서상일 1표였다. 김구와 한독당이 1948년 총선거 불참을 선언했지만 김구의 추종 세력 중 적지 않은 이들이 무소속 등으로 제헌국회에 참여한 것을 알 수 있다.

정·부통령 선거에서는 국회 재적 의원 3분의 2 이상의 출석과 출석 의원 3분의 2 이상의 득표를 얻도록 했지만, 요건을 충족한 후보가 없었기에 득표수 1, 2위인 이시형과 김구를 놓고 다시 결선투표가 치러진다. 그 결과 이시형이 133표, 김구가 65표로 이시영이 부통령으로 당선된다.

사실 김구가 제헌국회에 참여하지 않은 것이 잘한 결정인가에 대해서는 여러 가지로 생각해볼 여지가 있다. 만약 김구를 비롯한 민족주의 세력이 참여했다면 제헌국회 내에서의 헌법 제정이나 반민족특별위원회 등 제헌국회 활동과 관련하여 여러 가지로 크게 상황이 달라졌을 것이다. 이와 관련해 김대중 대통령도 자신의 회고록에서 정치인은 최선이 어렵다면 차선이라도 추구해야 한다고 하면서 김구 선생이 제헌국회 선거에 참여하지 않은 것이 아쉽다는 표현을 하기도 했다.

한편 지방선거 역시 제1공화국 때 처음 실시되었다. 민주화 이후인 1991년에 실시된 것은 지방자치제도의 '부활'이었던 것이다. 지방자치법은 1949년 7월 4일에 제정 및 공포되었는데 1949년 12월 실시 연기 경과 규정 신설법이 개정된다. 지방자치단체 구성을 위한 법은 만들어두었지만 당분간 시행하지 않겠다는 것이다. 당시 지방자치단체의 구성은 각 자치단체 의회의 의원은 직접선거로 선출하며, 서울특별시장과 도지사는 대통령이 임명, 시, 읍, 면장은 시, 읍, 면의 의회에서 선출하도록 했다.

연기 규정으로 사실상 실시 여부가 불투명했던 지방선거가 갑작스럽게 1952년에 치러지게 되는데, 이렇게 지방선거가 실시된 데는 이승만 대통령의 정치적 계산이 있었다. 앞서 본대로 이승만 대통령은 자신의 재선을 위해 간선제로 되어 있는 대통령 선거를 직선제로 바꾸려고 했지만, 국회 내 다수 의원들의 강한 반대에 직면해 있었다. 이러한 상황에서 이승만 대통령은 직선제 개헌에 대한 여론의 지지를 높이고 이를 통해 개헌에 반대하는 의원들을 압박하기 위해 지방선거 실시를 결정한다.

또 한편으로는 직선제 개헌이 이뤄지는 경우 대통령 선거에서 지지표를 얻기 위한 선거운동 조직으로서의 정당에 대한 필요성도 고려했을 것이다. 원래 이승만 대통령은 스스로를 국부國父로 간주하면서 정당의 필요성을 부정했지만, 직선제를 위해서는 자신을 지지해주고 운동을 이끌어갈 지원 세력이 필요하다는 것을 깨닫는다. 이에 이승만 대통령은 1951년 8월 15일 광복절 경축사를 통해 정당을 조직하겠다는 입장을 밝힌다. 광복절 축사에서 일민주의一民主義에 기초한 노동자, 농민을 위한 정당을 만들어야겠다고 선포한 것이다.

이때 창당한 것이 바로 자유당으로, 이범석이 조직한 우익 청년단인 족청을 기반으로 삼은 것이었다. 족청과 달리 국회 내에서도 이승만 대통령의 추종자들이 별도로 원내자유당을 조직하지만 얼마 지나지 않아 족청 중심의 원외자유당이 주도권을 잡는다. 자유당 창당 후인 1952년 4월 25일에는 시, 읍, 면 의회 의원 선거가, 5월 10일에는 도 의회 의원 선거가 실시되었다. 당시는 전쟁 중이었기 때문에도 의회 의원 선거의 경우 서울, 경기, 강원 지역은 미수복 지역으로 선거에서 제외되어 충북, 충남, 전북, 전남, 경북, 경남, 제주 7개 도에서만 실시되었다. 이 선거에서 당선된 자유당 의원들은 이승만 대통령이 주창하는 직선제 개헌에 앞장서면서 이에 반대하는 국회를 비판했다.

이처럼 당시 지방선거는 주민 자치나 풀뿌리 민주주의의 확립이라는 목적보다 대통령 직선제 개헌을 위해 지지 세력을 동원하는 수단에 불과했다. 그 이후 지방자치법은 이승만 대통령 재임 중 여러 차례 개정을 거듭했다. 이승만 대통령 자신과 자유당에 대한 지지도가 높을 때는 직선제로, 반면 지지도가 낮을 때는 임명의 형태로 여러 번 바꾸었다. 처음부터 이승만 대통령에게 지방선거란 지지 기반과 관련된 것일 뿐, 지방자치의 의미는 전혀 없었다.

직선제를 포함한 발췌 개헌에 성공하며 이승만은 한 달 후 1952년 정·부통령 선거에서 75.2퍼센트라는 압도적인 지지율로 당선된다. 직선제 개헌 후 한 달 만에 치러진 선거였던 만큼 다른 경쟁자들에게는 선거를 준비할 시간조차 주어지지 않았다. 이러한 상황에서 유일하게 이승만에게 맞설 수 있었던 김구는 1949년 6월 암살되고 말았기에 이승만의 대통령 당선은 예고된 것이나 마찬가지였다. 이어 조봉암이 11.4퍼센트, 이시영이 10.9퍼센트를 각각 얻었다. 2, 3위 후보자의 득표율을 볼 때 이승만의 손쉬운 승리를 확인할 수 있다.

함께 치러진 부통령 선거에서는 모두의 예상을 깨고 무소속으로 출마한 함태영이 41.5퍼센트의 지지율로 당선된다. 당시 자유당 조직의 기반이 되는 족청의 지도자 이범석은 자유당 부통령 후보로 나오지만 이승만 대통령은 이범석을 비롯한 족청 세력의 영향력이 점차 커지는 것을 견제해 무소속 함태영을 지지한다는 뜻을 은밀하게 장택상 국무총리, 김태선 내무부장관에게 밝힌다. 이러한 대통령의 뜻에 따라 선거에 적극적으로 개입한 경찰과 공무원들에 힘입어 함태영은 이범석을 밀어내고 부통령으로 당선된다.

몰락이냐 분열이냐

선거, 민심의 시그널

선거는 민심의 향방을 알리는 시그널이다. 실제로 우리나라에서 선거는 권위주의 정권하에서는 곧 다가올 큰 정치적 변혁을 알리는 시그널로 작동해왔다. 1956년 정·부통령 선거에서 그 시그널이 처음으로 울린다. 이승만 정권은 4년 후인 4·19 혁명을 통해서 무너지지만, 이미 국민들은 그 이전부터 이승만 정권에 대한 상당한 불만을 가지고 있었고, 이러한 민심이 1956년 정·부통령 선거를 통해서 표출된 것이다.

1954년 사사오입 개헌 이후 야당뿐만 아니라 국민들 사이에서도 이승만 정권에 대한 피로감이 높아진 상태였다.

1956년 대통령 선거 후보로는 이승만과 민주당의 신익희, 그리고 이후 진보당을 창당하는 조봉암이 출마했다. 당시 민주당은 선거 구호로 '못 살겠다 갈아보자'를 내세웠는데 이 구호는 국민들 사이에 상당한 반향을 일으켰다.

한강 백사장에서 열린 신익희의 유세장에는 수많은 인파가 모였을 정도로 당시 이승만 정권에 대한 민심은 상당히 돌아선 상태였다. 때문에 1956년 대통령 선거에서 이승만은 고전을 면치 못했다. 그런데 이승만의 가장 큰 경쟁자였던 신익희가 선거 열흘을 앞두고 호남 지방으로 선거운동을 가던 중 기차 안에서 뇌일혈로 돌연 급서하고 만다. 이에 선거는 이승만의 손쉬운 승리로 예상되었지만 실제 선거 결과는 반드시 그렇지만은 않았다. 이승만 정권에 대한 민심의 흐름이 수면 위로 드러나게 된다.

선거 결과 이승만은 '유효표'의 70퍼센트인 500만여 표를 얻어 당선되었다. 그러나 유효 투표율은 79.5퍼센트였다. 150만여 표가 신익희에 대한 추모표였던 것이다. 서울의 경우에는 유효 투표율이 53.3퍼센트에 그쳤다. 서울에서 이승만의 표는 20만 5000여 표였으나, 신익희에 대한 추모표라고 할 수 있는 무표효는 이승만보다 더 많은 28만

4000여 표가 나왔다. 조봉암은 서울에서 11만 9000여 표를 얻었다.

신익희의 급사로 유일하게 남은 야당 후보인 조봉암은 216만 4000여 표를 얻으며, 유효표 기준 30.0퍼센트, 무효표까지 포함하면 23.9퍼센트의 지지율을 얻는다. 이승만이 504만 6000여 표로 유효표 기준 70.0퍼센트, 무효표 포함 55.7퍼센트 지지율을 얻은 것과 비교해볼 때 상당히 위협적인 경쟁자로 등장하게 되었음을 알 수 있다.

함께 치러진 부통령 선거에서는 이변이 발생했다. 민주당의 장면이 46.4퍼센트를 얻어 자유당 이기붕의 44퍼센트의 지지율을 누르고 부통령으로 당선된다. 특히 서울에서 장면 후보는 45만여 표를 얻어 9만 5000여 표를 얻은 이기붕을 압도했다. 이처럼 이미 1956년 부통령 선거를 통해 이승만 정권에 대해 민심이 이탈되고 있었다는 것을 알 수 있다. 선거 결과 자유당은 상당한 충격을 받았으며 1960년 정·부통령 선거에서 극악한 부정을 획책하기에 이른다. 자유당 입장에서는 고령의 대통령을 둔 상황에서 부통령을 민주당에 빼앗겼다는 것은 매우 불안한 일이 될 수밖에 없었다.

진보당의 해산, 보수 양당 체제의 확립

1958년 5월 2일 제4대 국회의원 선거에서는 2년 전 대통령 선거에서 인상적인 득표를 한 조봉암의 진보당이 자유당, 민주당과 함께 삼파전을 벌일 것으로 예상되었다. 그러나 자유당과 민주당의 합작으로 국면은 달라진다. 자유당으로서는 대통령 선거를 통해 경쟁자로 부상한 조봉암의 정치적 영향력 증대가 불편했고 민주당은 야당에 대한 지지세를 나눠야 할 진보당의 부상이 싫었던 것이다. 이렇게 자유당과 민주당은 진보당과 조봉암에 대한 이해관계가 일치했다. 그렇게 국회의원 선거를 앞두고 진보당을 견제할 수 있는 조치를 취했다.

먼저 헌정사상 처음으로 국회의원선거법에 관한 여야 협상위원회를 구성했고, 선거법을 개정한다. 이때 개정된 민의원선거법은 1920년대 일본 제국주의 시대의 보통선거법에 기초하여 선거운동에 대한 각종 규제 조항을 잔뜩 포함시켰다. 이때의 선거법 개정이 오늘날까지 이어지고 있는 규제 중심적인 선거법의 출발이 된다. 미국이나 많은 민주주의 국가의 선거에서는 정치 축제라고 할 만큼 다양한 방식의 선거 참여를 볼 수 있지만, 우리나라에서는 선거

때가 되면 오히려 정치 활동이나 표현이 위축되는 데 그러한 규제 중심의 선거법이 이때 만들어졌다. 두 보수 정당이 공통의 정치적 이익을 위해 진보당과 같은 새로운 정당의 진출을 어렵게 하기 위해 만든 법이다.

여기에서 그치지 않고 한 걸음 더 나아가 1958년 2월 25일에는 진보당에 대한 해산 결정을 내렸다. 해산 명령의 근거는 미군정이 포고했던 군정법령 제55호에 있었는데, 이 행정법령에 의거해 진보당의 등록을 아예 취소해버린다. 한편 1958년 1월 검찰은 진보당의 지도자 조봉암과 당 주요 간부들을 국가보안법 위반으로 기소했다. 조봉암은 북한으로부터 정치 자금을 받았고 지령에 따라 간첩 행위를 했다는 혐의로 결국 1959년 7월 사형에 처해졌다. 1956년 대통령 선거를 통해 이승만의 가장 큰 정적으로 부상했던 조봉암은 결국 형장의 이슬로 사라지고 만다.

조봉암 재판은 그동안 많은 논란을 불러 왔는데 2011년 1월 대법원은 재심을 통해 조봉암에 대해 무죄를 선고했다. 진보당과 조봉암이 사라지고 난 이후 실시된 1958년 국회의원 선거에서 자유당은 42.1퍼센트로 126석을, 민주당은 34.2퍼센트로 80석을 얻었다. 이 두 정당이 얻은 의석

이외에는 통일당이 1석, 무소속이 26석이었다. 자유당과 민주당의 보수 양당 체제가 확립되었음을 알 수 있다.

이후에는 사실상 민주노동당이 등장할 때까지 우리 정치에서 의미 있는 세력으로서의 좌파 혹은 노동자 정당, 계급 정당은 존재하지 않았다. 역사에서 가정법은 의미 없지만 만약 진보당이 없어지지 않았다면 4·19 혁명 이후 선거에서 민주당에 맞서는 주요한 경쟁 정당이 되었을 것이다. 1960년 총선거를 앞두고 자유당은 몰락했고 다른 혁신계 정당은 대안이 되지 못했다. 이 때문에 민주당이 전체 의석의 75퍼센트를 차지하면서 사실상 1당 지배 체제가 되었다.

이처럼 견제 세력 없는 1당 체제로 당내에서 극심한 신파와 구파 간 갈등이 빚어졌고 이는 정치적 불안정을 초래하면서 결국 5·16 군사 쿠데타로까지 이어진다. 그런 점에서 진보당의 존속은 민주당과 경쟁적 정당 체제를 이루면서 그 이후 보수-혁신의 정당정치가 전개될 수 있는 가능성을 갖고 있었다.

부정선거, 정권의 몰락을 앞당기다
1960년 정·부통령 선거는 치밀하게 계획된 부정선거였다.

앞서 이야기한 대로 1956년 정·부통령 선거에서 자유당은 민주당에게 부통령 자리를 빼앗겼다. 1875년생인 이승만 대통령은 1960년 당시 85세였다. 노령의 대통령을 두고 자유당이 다시 민주당에게 부통령 자리를 빼앗기는 것은 있을 수 없는 일이었다. 대통령 선거는 4년 전과 비슷하게 전개되었다. 민주당 대통령 후보였던 조병옥은 지병이 악화되어 치료를 위해 미국으로 떠났지만 1960년 2월 그곳에서 세상을 떠났다. 이제 대통령 선거에서 이승만의 재선은 명약관화한 일이었다.

그러나 부통령 선거에서 자유당은 4년 전의 악몽을 되풀이하지 말아야 했다. 자유당은 선거 1년 전 최인규가 내무부장관이 되면서부터 부정선거를 '기획'하고 이를 공무원들에게 '교육'시켰다. '부정선거 감행'에 대한 지침이 한 공무원의 제보로 《동아일보》를 통해 폭로되었음에도 불구하고 1960년 정·부통령 선거에서는 '준비된' 부정선거 지침이 그대로 실시되었다. 경찰과 공무원들은 부정선거운동을 주도했다. 《동아일보》에 실린 '부정선거 감행 방법'을 보면 오늘날의 시선에서 어처구니 없는 것이 너무나도 많다.

정치 깡패를 동원해 민주당 선거운동원을 폭행하고 선

거 사무실에 난입해 기물을 부수는 것은 심하지 않다고 할 만큼 총체적으로 선거 부정이 기획되었다. 우선 '4할 사전투표'라 하여 선거 당일의 자연 기권표와 선거인 명부에 허위 기재한 유령표, 금전으로 매수한 기권표 등을 그 지역 유권자의 4할 정도에 해당하도록 만든 후 투표 시작 전 자유당 후보에게 기표해 투표함에 넣도록 했다. 또한 3인조 및 5인조 공개투표라 하여 자유당 후보에게 투표하도록 미리 공작한 유권자가 조장이 되어 조원의 기표 내용을 확인한 후 이를 다시 자유당 선거위원에게 제시하고 투표함에 넣도록 했다.

뿐만 아니라 자유당 유권자에게 자유당이라는 완장을 주고 투표소 부근에 머물게 해 유권자에게 심리적 압박을 주어 자유당에게 투표하게 하거나, 선거 당일 민주당 개표 참관인을 개표소에서 내쫓고 투표함에 사전에 기표된 부정투표 용지를 투입하는 등 그 내용도 구체적이었다.

여기에 야당 선거위원과 참관인에게 술을 권하되 술과 물에 수면제를 넣어서 자게 한다거나, 야당 참관인이 깡통에 소변을 보거나 투표소 내에서 식사를 하면 여당 참관인이 따귀를 때려 쌍방을 모두 쫓아내라는 우스꽝스러운 지침까지 포함되어 있었다.

그 부정의 정도가 얼마나 심했는지 선거가 종료되기 이전인 오후 4시 30분경 이미 민주당은 선거를 불법이라 하여 선거 무효를 선언한다. 특히 선거 부정이 심했던 마산에서는 오전에 이미 선거 무효를 주장했고 선거일 당일 부정선거를 규탄하는 대규모 시위가 발생했다. 시위 진압 과정에서 7명이 사망하고 870여 명이 부상을 당했을 정도였다.

이후 한 달 뒤 4월 11일 시위에 참가했던 마산상고 김주열 군의 시신이 눈에 최루탄이 박힌 채로 마산 앞바다에서 발견되면서 시위는 다시 격화되기 시작했다. 4월 18일에는 서울 시내에서 부정선거 규탄 시위를 마치고 학교로 돌아가는 고려대학교 학생들을 정치 깡패들이 습격하는 사건이 발생했고, 이에 전 국민의 분노는 폭발하기에 이른다.

다음날 4월 19일 부정선거에 대한 규탄은 전 국민적인 규모로 커진다. 4월 25일에는 전국의 대학교수들이 서울대학교 당시 문리대 교수회관에서 성명을 내고 시위를 한다. 결국 4월 26일 이승만 대통령이 하야 성명을 발표함으로써 이승만 정권은 막을 내린다. 한 달 후 5월 29일 이승만 대통령은 하와이로 망명을 떠나 그곳에서 생을 마감했다.

한편 부통령 후보였던 이기붕 일가는 당시 육군 소위였던 아들 이강석의 총격으로 집단 자살한다. 이기붕이 살던 서울 서대문의 집은 현재 4·19 혁명 기념 도서관으로 사용하고 있다. 이처럼 제1공화국은 선거 부정으로 몰락하고 말았다.

분열된 내각, 불안정한 제2공화국
제1공화국이 무너진 후 내각제 개헌이 이뤄졌다. 이제 의회 내 다수 세력이 정부를 구성하게 된 것이다. 그러나 앞서 언급한 대로, 진보당의 해산, 자유당의 몰락으로 민주당에 맞설 수 있는 경쟁적 정당 체제가 확립되기 어려운 상황이 되었다.

1960년 총선거에서 민의원은 민주당이 175석, 전체 의석의 75.1퍼센트라는 압도적인 의석을 차지했다. 그밖에는 무소속 49석, 사회대중당 4석, 자유당 2석, 한국사회당 1석, 통일당 1석, 기타 1석 순이었다. 민주당을 견제할 수 있는 경쟁 정당은 존재하지 않았다. 한편 제2공화국이 양원제를 채택하면서 참의원 선거도 실시되었다. 참의원의 임기는 6년이었으며, 3년마다 의석의 절반씩, 한 선거구에서 2~8인을 선출했다.

이때는 제한연기제 방식을 사용했는데 이는 한 선거구에서 선출하는 의석수보다 적은 수의 후보자에게 투표하는 것으로, 예컨대 선거구에서 5명을 선출하면 4명, 3명을 선출하면 2명까지 후보자를 선택할 수 있는 것을 말한다. 선거 결과 민의원과 마찬가지로 민주당이 58석 중 31석을 차지했다. 이외에는 자유당 4석, 무소속 20석, 사회대중당 1석, 한국사회당 1석, 기타 1석이었다. 참의원에서도 민주당을 견제할 정당은 존재하지 않았던 것이다.

그러나 외부에 적이 없을 경우 안에서 분열이 생기듯이 혼자서 압승을 한 민주당은 선거 이후 극심한 당내 분열을 겪는다. 당내 분열은 구파와 신파라고 불리는 두 파벌 간에 나타났다. 사사오입 개헌 이후 1955년 민주당이 만들어질 때 그 이전 한민당, 민국당 인사들에 더해 자유당 탈당파, 흥사단계 등 외부 인사들이 합류했다. 이때 한민당, 민국당 계열의 정치인들은 구파를 형성했고, 민주당 창당 때 새로이 합류한 이들은 신파를 구성했다.

그 구성에서 차이가 있는데 구파는 호남의 지주, 부르주아 들로 일본과 미국 등 해외 유학파들이 많았다면 신파에는 일제시대 관료, 법조인 출신들이 많았다. 당시 구파의 주축은 윤보선, 김준연, 김도연 등이었으며 이승만에 맞서 대통령 선거에 나섰던 신익희나 조병옥 모두 구파였다. 신파의 주축은 장면, 곽상훈, 박순천, 정일형 등이었다. 1960년 8월 12일 양원합동회의에 의해 치러진 대통령 선거 결과 윤보선은 259표 중 208표를 얻어 대통령에 당선된다.

신파는 구파에게 대통령직을 양보하는 대신 총리를 차지하고자 했다. 윤보선의 압승은 이러한 맥락에서 이뤄진 것이다. 그런데 윤보선은 대통령이 된 후 구파의 김도연을 총리로 지명했다. 그러나 김도연은 224명 중 찬성 111표로 2표가 부족하여 국회 인준에서 부결되었다. 윤보선은 그 뒤 할 수 없이 신파의 장면을 지명했고 총리 인준 표결에서 225명 중 117표를 얻어 가결되었다. 이처럼 민주당 정부는 정부 구성 때부터 구파와 신파 간 격렬한 파벌 갈등을 빚었다.

내각제에서 대통령은 국가의 체제 유지와 국민 통합을 상징하는 존재다. 그러나 윤보선은 그러한 역할에서 벗어나 현실 정치에 개입하고자 했고 여전히 구파의 지도자로서 활동했다. 이 때문에 민주당의 파벌 간 갈등은 총리와 대통령 간의 갈등으로 확산되었고 이는 제2공화국 체제의 불안정을 초래하게 되었다.

이 와중에 1960년 12월 12일에는 제3회 지방선거가 치러진다. 민주당 내 구파는 1960년 10월 신민당이라는 별도의 정당으로 분리되어 나갔기 때문에 12월의 지방선거는 민주당 대 신민당의 대결 구도로 전개되었다. 제2공화국에서는 시, 도 의회나 시, 읍, 면 의회뿐만 아니라, 서울특별시와 각 도지사로부터 시장, 읍장, 면장까지도 모두 주민의 직선으로 선출하도록 했다. 선거 결과 시, 도 단체장의 경우 서울을 비롯한 6개 지역에서 민주당 후보가 당선되었고 충남, 전남, 경남 등 세 군데에서 신민당 후보가, 그리고 제주의 경우 무소속 후보가 당선되었다. 그밖에 지방 단체장이나 지방의회 선거에서도 민주당이 신민당에 우세를 보였다.

사실 내각제는 제도적으로 본다면 대통령제보다도 더 강한 제도다. 의회 내 다수 세력에 기반하여 행정 권력을 장악하기 때문에 내각제의 총리는 입법 권력과 행정 권력을 장악할 수 있다. 삼권분립으로 의회의 견제를 받아야 하는 대통령제의 대통령보다 제도적으로 훨씬 안정된 권력을 가질 수 있는 것이다. 다만 그러한 안정적 권력 행사를 위한 한 가지 조건이 있는데, 그것은 의회 내에서 다수의 지지 세력을 안정적으로 확보해야 한다는 점이다. 그러기 위해서는 집권당이 총리를 중심으로 단결해 있어야 한다.

그러나 제2공화국의 불행은 집권당이 신파와 구파 간의 갈등으로 심각하게 분열되어 있어 총리와 내각이 안정적으로 권력을 유지하기 힘들었다는 데 있었다. 5·16 군사 쿠데타가 일어난 직후 윤보선 대통령은 이한림 장군이 지휘하던 제1군을 동원하여 쿠데타 군을 진압하자는 미 대리대사나 미 7군 사령관의 제안을 거부했다. 우리 군끼리 피 흘리는 것을 보고 싶지 않다는 것이 그의 명분이었는데, 그 결과 쿠데타는 성공할 수 있었다.

당시에 대한 미국 국무성 자료에서도 윤보선 대통령이 군인들의 힘을 통해 장면을 제거하고 그 자리를 차지하려는 것 같다는 이야기가 나온다. 제2공화국은 이렇게 해서 허무하게 9개월 만에 무너졌다. 무엇보다 집권당의 분열, 특히 총리와 대통령 간의 갈등과 반목이 결정적 순간에 그 체제를 지켜내는 것을 어렵게 만들었다.

격동의 선거 정치가 만든
굴곡진 현대사

선거로 정권의 정당성을 얻다

박정희를 지도자로 하고 김종필을 중심으로 한 육군사관학교 8기생들이 주축이 된 5·16 군사 쿠데타는 제2공화국을 무너뜨린 후 군사혁명위원회, 그리고 얼마 뒤 이름을 바꾼 국가재건최고회의를 통해 군정을 실시했다. 정당 및 사회단체는 모두 해산되어 정치 활동이 금지되었다.

기성 정치인들의 정치 활동을 정치활동정화법으로 금지시킨 가운데 김종필은 쿠데타 성공 후 가장 먼저 중앙정보부를 만들고, 이곳에서 중요한 정치적 작업을 시작한다. 바로 재건동지회라는 이름 아래 학계, 법, 언론 등 분야별 주요 인사를 포함해 공화당의 창당을 준비한 것이다. 이에 따라 중앙정보부에서는 김종필의 지휘하에 공화당이라는 강력한 대중 정당을 조직한다.

이른바 8·15 계획 혹은 김종필 플랜은 군인들이 민정 이양 후에도 총선, 대선에서 승리해서 권력을 잡아야 하고 이를 위해서는 참신한 민간인들의 협조가 필요하며 선거 승리를 위한 정당의 창당이 필요하다는 것이었다. 이를 위해 비밀리에 작업을 진행했고 우여곡절 끝에 1963년 2월 공화당이 창당되었다.

이러한 준비 끝에 1963년 제3공화국의 첫 대통령 선거가 실시되었다. 사실 제1공화국 때부터 막강했던 경찰과 행정 조직에 더해 5·16 군사 쿠데타 이후 만들어진 중앙정보부와 같은 정보기관, 게다가 대중정당적 구조로 만들어진 공화당을 통해 박정희는 예전보다 더욱 강한 조직적 기반을 갖추게 되었다. 그러나 이 모든 조건에도 불구하고 1963년 대통령 선거는 매우 경쟁적 선거였다.

1963년 대통령 선거에는 허정, 송요찬, 오재영, 변영태, 장이석을 포함한 총 7명의 후보자가 출마했으나 그중 가장 유력했던 것은 물론 박정희와 윤보선이었다. 7명 가운데 송요찬과 허정은 야당 표의 분산을 막는다는 명분하에 사퇴했다.

박정희는 구악에 젖은 구정치인과 개척 정신에 불타는 신진 세력과의 대결, 구악 집단과 민중 세력의 대결로 표현하며 자신을 '새 일꾼'이라고 선거 여론을 조성해갔다. 이에 반해 윤보선은 군사정권의 4대 의혹 사건을 터뜨리며 맹공격을 퍼붓는다. 4대 의혹 사건이란 증권 파동, 워커힐 사건, 새나라자동차 사건, '빠칭코' 사건으로, 이들 사건의 이면에는 집권 세력의 정치 자금을 모으기 위한 계략이 숨어 있었다.

먼저 증권 파동은 1961년 말 중앙정보부가 증권업자와 결탁해 3개의 증권회사를 창설하고 주가를 폭등시키고 수십 배의 부당 이익을 얻었지만 주식 거래 대금을 결제하지 않아 주가가 폭락하면서 일반 투자자들에게 큰 손해를 입혔던 사건이다. 워커힐 사건은 주한 미군이 휴가를 위해 외국으로 나가지 않고 국내에서 달러를 쓸 수 있도록 하기 위해 종합 위락 시설로 워커힐을 짓기로 했는데, 이 과정에서 수억 원의 공사 자금을 빼돌린 것이다.

새나라자동차 사건 또한 중앙정보부가 주축이 된 사건이다. 당시 자동차 부품에 대해서는 관세를 붙이지 않았는데 새나라자동차는 일본에서 부품이 아니라 2000여 대의 자동차 완성품을 무관세로 들여와 시중에 판매함으로써 엄청난 이익을 챙겼다. 마지막 빠칭코 사건은 당시 법적으로 금지되어 있던 도박 기계를 세관을 속이고 국내에 반입하여 영업허가를 내주고 대신 돈을 받는 방식으로 정치 자금을 모았던 사건이다.

1963년 대통령 선거에서 가장 주목할 만한 선거 이슈는 사상 논쟁이었다. 윤보선은 박정희가 남로당 당원으로 활동하다가 1948년 10월 19일 여순 사건 이후인 1948년 11월 체포되어 1심에서 무기징역을 선고받았다는 사실을 선거 유세 막판에 폭로한다. 이에 대해 박정희는 "악랄한 매카시즘의 수법"이며, 집권 후에는 공직 채용에서 연좌제를 폐지하고 혁신계 인사를 석방할 것을 공약으로 내걸었다. 결과적으로 사상 논쟁은 박정희에게 유리하게 작용했다.

선거 결과 겨우 15만 6026표의 근소한 차이로 박정희가 대통령에 당선되었다. 득표율로 보면 박정희 42.6퍼센트, 윤보선 41.2퍼센트로 두 후보 간 득표율의 차이는 겨우 1.4퍼센트였을 만큼, 초접전이었다. 그러나 나머지 5명 후보의 표를 모두 합치면 83만여 표나 되었다. 야당 후보가 윤보선으로 단일화되었다면 승패가 뒤바뀔 수도 있었던 상황이었다. 군사 쿠데타를 일으켜 제2공화국을 무너뜨린 박정희와 군 세력은 이와 같이 치열한 선거 경쟁을 통해 마침내 제도적으로 권력 유지에 성공했다.

그런데 박정희와 윤보선에 대한 지지는 도시와 시골에서 차이를 보였다. 박정희는 서울에서 30.2퍼센트를 얻은 반면 윤보선은 65.1퍼센트를 얻었다. 이에 비해 전남과 경북에서는 박정희가 57.2퍼센트, 55.6퍼센트를 얻었고, 윤보선은 각각 35.9퍼센트, 36.1퍼센트를 얻었다. 제1공화국 때도 나타났던 시골에서는 여당, 도시에서는 야당이라는 여촌야도與村野都 현상이 나타났다.

1963년 11월 26일에 치러진 제6대 국회의원 선거에서도 공화당은 승리했다. 금품 살포, 관권 개입의 탓도 있었지만 야당들이 난립했기 때문에 대통령 선거와 달리 공화당은 압승을 거두었다.

공화당의 득표율은 33.5퍼센트에 그쳤지만 공화당은 175석 중 지역구 88석, 전국구 22석으로 총 110석을 차지한다. 야당들은 민정당 41석, 민주당 13석, 자유민주당 9석, 국민의당 2석 순이었다. 야당들은 민주당 신구파 갈등의 유산으로 그 이후에도 오랫동안 분열된 채로 남아 있다가 1967년 5월 3일에 치러진 제6대 대통령 선거를 앞두고 마침내 신민당으로 통합되었다.

부정선거와 3선 개헌의 날치기 통과

1967년 대통령 선거에서는 박정희가 재임에 도전했고 야당 경쟁자는 이번에도 윤보선이었다. 4년 전과 달리 야당은 신민당으로 사실상 통합되어 있었다. 박정희는 568만여 표를 얻어 452만여 표를 얻은 윤보선을 이전 선거에서와 달리 116만 표라는 매우 큰 차이로 따돌리고 재집권에 성공했다. 이전 투표에서와 달리 여촌야도 현상도 사라져, 서울에서의 지지율이 30.2퍼센트였던 것이 45.2퍼센트로, 부산에서의 지지율도 48.2퍼센트에서 64.2퍼센트로 늘어났다. 이외에도 광주, 전주, 수원을 제외한 전 도청 소재지에서 박정희는 승리를 거뒀다.

이렇게 된 데는 경제개발 계획에 따른 효과가 나타나면서 경제 상황이 좋아진 것이 그 이유였다. 1962~1966년 1차 경제개발 5개년 계획의 기간 동안 실질 경제 성장률은 8.3퍼센트 상승했으며, 국민소득은 1962년 83.6달러였던 것이 1967년 123.5달러로 늘어났다. 이렇게 경제가 활성화될 수 있었던 또 다른 요인은 1965년의 한일 국교 정상화와 베트남 파병이었다. 국교 정상화의 조건으로 일본으로부터 무상 혹은 차관 형태로 많은 돈이 들어왔고, 베트남에 진출한 우리 군과 기업, 노동자 들이 국내로 송금하는 돈도 적지 않았다. 경제 성장의 효과는 우선적으로 도시 지역에서 나타나게 되는데 그것이 여촌야도 현상이 나타나지 않게 한 요인이었다.

한 달 뒤 1967년 6월 8일에는 제7대 국회의원 선거가 실시되었는데, 이 선거에서 자유당 시절의 3·15 부정선거에 버금간다고 할 만한 어마어마한 부정이 횡행한다. 대리투표, 공개투표, 무더기 투표, 표 바꿔치기 등 유령 유권자나 사전 투표를 통해 선거 결과를 조작하거나 야당 참관인을 방해하고 금품을 살포하는 등의 불법이 이뤄진다. 이렇게 공공연할 정도로 광범위한 선거 부정이 시도된 것은 박정희 대통령이 3선 개헌을 염두에 두고 있었기 때문이다.

놀랍게도 재선을 위한 대통령 선거가 끝나고 한 달 뒤 치러진 국회의원 선거에서 박정희 대통령과 측근들은 3선을 생각하고 있었다. 개헌을 위해서는 국회 내 전체 의석의 3분의 2를 넘는 의석을 차지해야 했으므로, 금품과 향응을 제공할 뿐만 아니라 공무원들이 조직적으로 선거에 개입했다. 박정희 대통령 역시 당 총재 자격으로 국회의원 선거운동에 참여했으며 장차관 등을 동행시켜 각 지역에 대한 개발 공약을 제시하는 등 노골적으로 개입했다.

선거 결과 공화당은 전체 175석 중에서 개헌에 필요한 117석을 훨씬 넘긴 129석을 얻었다. 공화당은 지역구에서 102석, 전국구로 27석을 얻었다. 이에 비해 신민당은 지역구 28석과 전국구 17석을 합한 45석을 얻는 데 그쳤다. 그러나 3선 개헌에 필요한 의석수는 차지했지만 부정선거에 대해 박정희 대통령과 공화당이 치러야 할 후유증은 컸다. 선거 이후 전국적인 규모로 부정선거에 대한 항의 시위가 일어났으며, 신민당은 국회 등원을 거부했다. 이들을 달래기 위해 박정희 대통령은 공화당 당선자 8명을 제명하고 부정선거 관련 공무원을 직위 해제하는 등의 조치와 함께 유감 담화문을 발표하기까지 했다.

이렇게 치밀하게 계획된 3선 개헌은 결국 1969년 9월 14일 국회에서 날치기 통과된다. 신민당은 국회의사당 본회의실을 점거하고 개헌 반대 투쟁을 전개했으나 여당은 야당 몰래 14일 일요일 새벽 2시 30분경 국회 본회의장이 아닌 제3별관으로 장소를 옮겨 본회의를 개최하고 개헌안을 지지하는 의원들 122명만 참가한 자리에서 개헌안을 졸속으로 통과시킨다. 그리고 이는 10월 17일에 국민투표를 거쳐 최종 확정된다. 이승만 대통령에 이어 박정희 대통령 역시 집권 연장을 위해 헌정을 왜곡한 것이다.

박정희 그리고 젊은 김대중의 등장
3선 개헌으로 박정희는 1971년 4월 27일 제7대 대통령 선거에 세 번째로 출마하게 되었다. 그 이전 두 차례 대통령 선거 때 박정희의 경쟁자는 윤보선이었지만, 1971년 대통령 선거를 앞두고는 야당인 신민당 내에서 큰 변화의 바람이 불었다. 40대의 젊은 정치인 김영삼이 40대 기수론을 들고 나오면서 당 대통령 후보 경선에 나서겠다고 선언한 것이다. 뒤이어 같은 40대인 이철승과 김대중도 후보 경선에 나서겠다고 밝혔다.

당내 원로 정치 지도자 중에서는 이들의 출마 선언을 두고 '구상유취口尚乳臭,' 입에서 젖비린내가 난다고 비웃던 이들도 있었지만 40대 기수론은 세간의 커다란 주목을 받으면서 신민당의 새로운 흐름을 이끌었다. 1970년 9월 29일

삼파전으로 전개된 당 대통령 후보 경선에서 김영삼의 당선 가능성이 높은 것으로 예상되었지만 2차 투표에서 김대중과 이철승이 연합하면서 최종적으로 김대중이 당 후보로 확정되었다.

1971년 대통령 선거는 3선을 노리는 박정희와 40대의 젊은 야당 후보 김대중 두 후보 간의 경쟁으로 압축되었다. 김대중은 당시로서는 매우 파격적인 공약을 제시한다. 남북한 간 기자, 문인, 체육인 등의 비정치적 교류, 향토예비군 폐지, 부유세와 특별세의 신설, 주변 4대 강국에 의한 한반도 긴장 억제 등 지금 봐도 혁신적이라고 할 만한 공약이다. 박정희는 중단 없는 전진과 안정을 강조했다.

김대중은 또한 박정희가 헌법을 개정하여 대만의 장개석과 같이 영구직 총통이 되려 한다는 총통제 음모설을 제기하기도 하는데, 이는 유신 체제의 등장을 볼 때 결과적으로 맞는 말이었다. 김대중에 대한 지지가 거센 상황에서 박정희는 유세에서 "여러분에게 표를 달라고 하는 것은 이번이 마지막"이라고 말했는데, 실제로 이 선거 이후 유신 체제가 도입되었기 때문에 박정희의 말은 지켜진 셈이다.

선거 결과 박정희는 51퍼센트를 얻으면서 43.4퍼센트를 득표한 김대중을 100만 표 가까운 차이로 누르고 승리했다. 하지만 실제 선거 경쟁은 박정희가 "더 이상 표를 달라고 하지 않겠다"고 말할 만큼 이러한 득표수의 차이보다 더 치열했다. 흥미롭게도 이 선거에서는 지역주의 투표 행태가 나타났는데, 선거운동 과정에서 지역감정을 자극하는 발언도 있었다. 박정희는 경북과 경남에서 각각 75.6퍼센트, 73.4퍼센트의 득표율을 보인 반면 김대중은 각각 23.3퍼센트, 25.6퍼센트의 득표를 얻는 데 그쳤다. 반면 전남과 전북에서는 김대중이 각각 62.8퍼센트, 62.5퍼센트를 얻었지만, 박정희는 각각 34.4퍼센트, 35.5퍼센트의 득표율에 머물렀다.

일부에서는 이를 두고 지역주의 정치의 출발점이라 하기도 하는데 그렇게 보기는 어렵다. 왜냐하면 한 달 후인 1971년 5월 25일에 치러진 제8대 국회의원 선거에서는 이러한 지역주의 투표 패턴이 나타나지 않기 때문이다. 공화당은 호남에서 159만 8806표를 얻어 103만 1813표를 얻은 신민당을 앞서고, 영남에서도 145만 4452표를 얻어 신민당의 114만 5753표를 누르고 승리한다. 따라서 1971년 대통령 선거에서 보인 지역주의는 구조화되었다기보다는 선거운동 중의 자극적인 지역주의 공세에 영향을 받은 것으로 보는 것이 타당하다.

당시 공화당에서는 현역 의원 125명 중 64명만 재공천을 받아 당내 논란이 컸으며, 신민당에서는 당수 유진산의 국회의원 출마 등록을 둘러싼 갈등, 이른바 '진산 파동'이 벌어지기도 했다. 여러 우여곡절 끝에 치러진 선거 결과 공화당은 118석, 신민당은 89석을 차지했다. 공화당이 제1당을 유지했지만 두 당 간의 의석수는 크게 줄어들어서, 득표율에서는 공화당 47.8퍼센트, 신민당 43.5퍼센트로 두 당의 득표율 차이는 불과 4.3퍼센트에 불과했다.

공화당의 지지율은 역대 대통령 선거를 통해 1963년 33.5퍼센트에서 1967년 50.5퍼센트로 상승하고 1971년에는 47.8퍼센트로 소폭 하락하지만, 신민당의 지지율은 1963년 20.1퍼센트에서 1967년 32.7퍼센트로 상승하며, 1971년에는 43.5퍼센트로 크게 높아졌다. 이제 신민당은 선거에서 공화당을 위협할 수 있는 존재로 부상했다. 더욱이 신민당이 1971년 국회의원 선거에서 얻은 의석수는 개헌을 막을 수 있는 전체 의석의 3분의 1을 훌쩍 넘는 것이어서 1967년과 같은 날치기에 의한 정권 연장은 사실상 불가능해졌다. 또한 이 무렵은 전태일 분신, 실미도 사건, 광주대단지 폭동, 한진 노동자 KAL 빌딩 방화 사건, 사법파동 등 사회적으로도 매우 혼란스러웠다. 박정희 체제에 위기가 찾아온 것이다.

그리고 이는 1972년 10월 17일 계엄과 국회 해산 및 헌법 정지 등을 골자로 하는 대통령 특별 선언으로 시작된 유신 체제의 바탕이 된다. 유신 체제의 등장과 함께 한국의 자유민주주의 체제는 정지되었다. 유신 체제하에서는 복수의 후보자들이 유권자들에게 '표를 달라'고 호소하는 경쟁 선거는 사라지게 되었다. 그리고 그 자리에는 '체육관 선거'가 들어선다. 통일주체국민회의라는 기구를 만들어 사실상 거수기 역할을 하는 대의원들이 박정희 1인 후보에 대한 찬반 투표로 대통령을 선출하도록 한 것이다. 대통령, 국회의원의 임기도 6년으로 늘렸다. 선거는 자주 치러지지 않을수록 좋은 것이었다.

국회의원 선거제도 역시 변경되었는데 우선 국회의원 정원의 3분의 1은 대통령이 '지명'하도록 했다. 국민의 대표 기관인 국회의 구성원을 국민이 아닌 대통령이 지명하게 한 것이다. 이들은 '유신정우회(유정회)'라고 부르는 원내 집단을 구성했다. 이들의 임기는 6년이었다. 대통령에게 충성을 다해야 3년을 더 할 수 있는 것이다. 그리고 나머지 3분의 2의 국회의원은 한 선거구에서 두 명을 선출하는 이른바 중선거구 제도를 통해 선출하도록 했다. 이들의 임기는 4년이었다. 한 선거구에서 두 명을 선출한다면 적어도 한 명은 여당 후보일 것이다. 이렇게 해서 대통령 지명 3분의 1, 2인 선거구에서 최소 3분의 1의 의원을 확보하면서 박정희 대통령은 언제나 3분의 2이상의 의원을 확보할 수 있게 되었다.

유신 체제는 숨 막힐 것 같은 억압의 시대였다. 그러나 주목할 점은 이러한 상황에서도 선거 정치의 역동성은 살아 있었다는 것이다. 1978년 12월 12일 유신 체제하에서의 두 번째, 제10대 국회의원 선거가 실시되었다. 국회의원의 3분의 1을 대통령이 지명하고 한 선거구에서 두 명을 뽑는 방식의 선거제도하에서 야당인 신민당이 의석수에서 여당을 이긴다는 건 불가능한 일이었다. 실제로 선거 경쟁이 벌어진 154석 중 공화당 68석, 신민당 61석, 민주통일당 3석, 무소속 22석의 순이었다. 여기에 대통령이 지명하는 유정회 77석으로 여권은 전체 231석 가운데 145석을 차지했다.

그러나 득표율에서는 이변이 일어났다. 야당인 신민당은 32.8퍼센트로 공화당의 득표율 31.7퍼센트를 앞섰다. 사상 처음으로 야당이 득표율에서도 여당에 앞서는 결과를 보인 것이다. 여기에 소규모 야당인 민주통일당의 득표율 7.4퍼센트와 합치면 여당의 패배는 더욱더 자명했다.

유신 체제의 종말과 민주화의 신호탄

1978년 국회의원 선거에서의 야당 돌풍은 그 이후의 정국을 급격하게 변화시켰다. 그 이듬해 1979년 5월 30일 신민당의 총재를 선출하는 전당대회가 열렸다. 그때까지는 유신 체제에 협력적인 이철승이 당 총재를 맡고 있었고, 여기에 '선명 야당'을 외치며 김영삼이 도전했다. 중앙정보부에서도 은밀히 야당 경선에 개입하여 이철승의 재선출을 돕고 있었다. 그러나 예상을 뒤엎고 김영삼은 이철승을 누르고 총재로 당선된다. 유신 체제에 도전하는 반체제 정당으로 신민당이 변모하는 순간이었다. 이후 정국은 소용돌이치면서 유신의 종말을 향해 나가게 된다.

당시 1970년대 후반에는 경공업 분야가 쇠퇴하며 많은 어려움을 겪었는데, 1979년 8월에는 가발 제조업체인 YH

무역의 노동조합이 회사의 부당한 폐업에 맞서 회사의 정상화 및 생존권 보장을 요구했던 YH 사건이 벌어진다. YH 노동조합의 여공들은 회사나 정부가 자신들의 절박한 요구를 들어주지 않자 신민당 당사에 진입하여 농성을 이어나갔다. 그러나 강성 야당과 노동계가 연계될 것을 우려한 박정희 정권은 경찰을 야당 당사에 진입시켜 노동조합원들을 강제로 진압하게 된다.

그 뒤 김영삼은 《뉴욕타임즈》와의 인터뷰에서 박정희 정권을 비난하면서 미국 카터 정부가 인권을 억압하는 박정희 정권에 대해 압력을 넣어야 한다고 주장했다. 공화당과 유정회는 이 발언을 문제 삼아 현직 야당 총재에 대한 의원직 제명을 통과시켰다. 의원직 제명 당시 "닭의 모가지를 비틀어도 새벽은 온다"는 김영삼의 발언은 오늘날까지 회자되는 유명한 말이다.

김영삼의 의원직 제명 이후 얼마 지나지 않은 10월 16일 그의 정치적 고향인 부산 및 마산에서 유신 정권 반대 민주화 운동인 부마민주항쟁이 일어나 권력층 내부의 분열을 초래한다. 결국 10월 26일에 이르러 박정희 대통령의 피살과 함께 유신 체제의 몰락으로 이어지게 된다.

여기에서 지적하고 싶은 중요한 점은 유신 체제 종말의 시그널도 결국 선거를 통해서 왔다는 것이다. 제1공화국의 몰락이 1956년의 정·부통령 선거에서 예견되었던 것처럼, 유신 체제 몰락도 1978년 총선거에서 공화당의 패배를 통해 이미 조짐을 보이고 있었다. 권위주의 체제에서의 선거가 결코 공정하고 자유롭지 않았지만 그럼에도 언제나 민심은 정치적 격변을 선거를 통해 예고했다.

이러한 시그널은 전두환 정권에서도 마찬가지로 나타난다. 유신 체제 몰락 이후의 정치적 혼란 속에서 전두환은 12월 12일 군사 반란을 일으킨다. 그리고 이듬해 5·17 비상계엄 확대 조치라는 사실상의 쿠데타를 통해 전두환을 필두로 하는 신군부가 '박정희 없는 유신 체제'를 이어갔다. 그런데 전두환 정권의 제5공화국에서도 유신 체제와 마찬가지의 선거제도를 채택한다. 대통령 선거는 형식적으로는 통일주체국민회의를 없애고 선거인단 투표제도를 도입했지만 이전과 크게 다를 바 없는 또 다른 체육관 선거였다. 국회의원 선거제도는 유정회를 없애는 대신 전국구 의원 배정 방식을 제1당에게 유리하게 만들었다. 한 선거구에서 두 명을 뽑는 1구 2인제는 유지했다.

1981년 3월 25일 제11대 국회의원 선거에서는 여당인 민주정의당이 지역구에서 90석, 비례대표 61석으로 전체 276석 가운데 151석을 차지했으며, '민주한국당(민한당)'이 지역구와 비례대표로 각각 57석, 24석을 얻어 모두 81석, 그리고 한국국민당이 18석, 7석으로 25석을 얻었다. 그러나 이외에도 민주사회당, 신정당, 민권당 등의 정당들도 의석을 얻었는데 '정권의 배려' 때문이었다. 그만큼 1981년 국회의원 선거는 전두환 정권의 뜻대로 치러졌다.

　그러나 4년 후인 1985년 선거에서는 분위기가 크게 달라졌다. 1985년 2월 12일 제12대 국회의원 선거를 앞두고 김영삼, 김대중이 이끌었던 '민주화추진협의회(민추협)'가 정당을 창당해서 선거에 참여하기로 했기 때문이다. 이들은 선거 3주 전 신한민주당이라는 '선명 야당'을 창당했다. 선거를 앞두고 급하게 만들어진 정당이었지만 신한민주당은 돌풍을 일으켰다.

　선거 결과 민주정의당은 지역구 184석 중 87석, 비례대표 61석으로 총 148개의 의석을 차지했고, 정권이 만든 야당들인 민한당은 지역구 26석, 비례대표 9석으로 35석, 국민당은 지역구 15석, 비례대표 5석으로 20석을 확보한다.

이에 반해 신한민주당은 지역구 50석을 확보하며 총 67석을 얻어 '관제 야당들'을 누르고 제1야당으로 부상했다. 신한민주당은 특히 도시 지역에서 많은 지지를 얻어 6대 도시 29개 선거구 가운데 28석을 차지했다.

1985년의 선거는 전두환 정권이 만들어놓은 정치적 틀을 깨뜨려버렸다. 그리고 선거 1년 후인 1986년 2월 신한민주당은 '직선제 개헌을 위한 1000만인 서명 운동'을 추진했다. '체육관 선거' 대신 '내 손으로 대통령을 뽑자'는 신한민주당의 직선제 개헌 운동은 시민들의 큰 호응을 받으면서 민주화 운동으로 발전되어간다. 이는 결국 1987년 6월 전국적 규모의 민주화 운동과 민주화를 받아들인 6·29 선언으로 이어지게 된다. 즉 6·29 선언과 민주화로 이끈 매우 중요한 출발점은 1985년의 총선거였다.

앞서 이승만 정권이 1956년 정·부통령 선거를 통해, 박정희 정권이 1978년 총선거를 통해 정권에 대한 민심 이탈의 시그널을 확인했던 것처럼, 전두환 정권 또한 1985년 총선거를 통해 그와 같은 시그널을 받았던 것이다. 이처럼 우리나라의 선거 정치는 민심의 이반을 보여줌으로써 다가올 정치적 격변을 예고해왔다.

더 나은 사회를 위한
선거의 미래

공정한 선거, 절차적 민주주의 확립

돌이켜보면 우리나라의 민주화는 내용적으로 결코 혁명적 변화라고 하기는 어려워 보인다. 당시 우리가 얻어낸 것은 대통령을 내 손으로 뽑겠다는 것, 즉 대통령 직선제 개헌이 전부였다. 이처럼 우리나라 민주화의 출발은 공정한 선거를 통한 절차적 민주주의의 복원이 전부였다. 따라서 민주화 이후 정치 개혁은 공정한 선거를 위한 환경을 마련하는 데 가장 우선순위를 두고 진행된다.

과거에 공정한 선거를 훼손했던 가장 심각한 문제는 경찰, 공무원 조직의 선거 개입이었다. 우리나라 정치사에서 부정선거는 공무원을 선거에 동원하거나 경찰이 노골적으로 개입하고 심지어 공무원과의 유착하에 사전 투표를 하거나 개표 부정을 저지르는 방식이었다. 그리고 이러한 관권 개입은 사실상 민주화를 이룬 직후에도 사라지지 않고 계속 행해졌다.

민주화 이후인 1992년 3월 24일 제14대 국회의원 선거에서 경북 칠곡 면사무소 직원에 의한 무더기 부정투표가 이뤄졌으며, 이지문 중위에 의해 군이 부재자 투표 과정에서 장병들에게 여당 후보를 찍도록 강요하는 교육을 하고, 공개투표, 기표검열 등 선거부정을 저질렀다는 사실이 폭로되기도 했다. 또한 국가안전기획부 직원이 특정 후보에 대한 흑색 선전물을 배포하다가 적발되었으며, 충남 연기 군수의 폭로로 조직적 관권 개입 정황이 드러나기도 했다.

그러나 오늘날에는 이러한 관권 개입은 크게 줄어들었다. 시민사회의 활성화와 언론 자유의 신장으로 감시 감독이 강화되었기 때문이다. 또 한편으로는 지방자치의 실시로 과거처럼 내무부의 선거 개입 지시가 시청, 도청, 구청, 군청, 면, 리, 동으로 이어지는 행정 체계를 통해 일사불란하게 이뤄질 수 없게 되었기 때문이다. 다양한 정당 출신이 지방 단체장을 맡고 있고 지방의회의 감시, 감독도 있는 만큼 권위주의 시대처럼 노골적이고 체계적인 개입은 어렵게 되었다.

여기에 정권 교체의 일반화, 여소야대 등 국회 권한의 강화, 그리고 선거 관련 사건에 대한 헌법재판소와 법원의 적극적 역할 등으로 오늘날 관권 개입은 어려워졌다. 그렇지만 2012년 대통령 선거에서의 사이버사령부 댓글 공작 논란에서처럼 언제나 어떤 방식으로든 개입의 유혹은 다시 생길 수 있기 때문에 감시, 감독의 눈길을 떼서는 안 될 것 같다.

그러나 사실 민주화 이후에는 관권 개입보다 금권 선거에 더 큰 문제가 있었다. 금권 선거는 관권 개입보다 방식이 보다 은밀할 뿐만 아니라 금품과 향응의 공급자는 물론 수요자가 함께 개입되어 있는 문제이기 때문이다. 고무신 선거, 막걸리 선거라는 표현에서 보듯이 과거에는 이러한 금품과 향응을 제공하는 일은 선거운동에서 당연한 일로 받아들여졌다.

민주화 이후에도 선거를 앞두고 금품이나 향응, 심지어 현금을 제공하는 일이 빈번하게 이뤄졌다. 선거 무렵이면 유명 관광지에 지역 유권자들을 태운 관광버스가 가득했다. 정책이나 공약이 아니라 금품, 향응으로 유권자의 표를

'사는' 매표買票, vote-buying 행위가 횡행했던 것이다.

이러한 금품 선거는 역량 있는 후보자가 아니라 돈을 많은 쓴 후보자가 당선될 수 있다는 점에서 건강한 대의민주주의의 작동에 매우 심각한 문제가 되는 것이었다. 또한 돈을 많이 쓰고 당선된 정치인이 '본전을 뽑으려고' 한다면 정경유착이나 정치 부패를 일으킬 가능성도 높은 것이다. 이 때문에 돈 선거에 대한 문제를 해결하기 위한 노력이 계속되었다.

1994년 3월 제정된 통합선거법의 공식 명칭은 '공직선거 및 선거부정방지법'이었는데 이 법을 만들 때의 취지는 '돈은 막고 입은 푼다'는 것이었다. 그러나 그 이후에도 돈 선거는 근본적으로 사라지지 않았다.

2002년 12월 19일에 치러진 제16대 대통령 선거 때는 주요 정당 후보의 불법 선거 자금 모금이 검찰 수사로 드러나면서 커다란 충격을 주었다. 특히 한나라당은 거액의 불법 정치 자금을 고속도로 휴게소에서 트럭 째로 받은 이른바 '차떼기' 수법으로 큰 비난을 받았다. 그 이후 정치자금법 등 정치관계법 개정을 통해 돈 선거를 막는 조치가 강화되었다. 또한 금품이나 향응을 제공하는 사람뿐만 아니라 그것을 요구하거나 받은 유권자들에게도 그 금액의 50배의 과태료를 물게 하면서 돈 선거의 문제는 크게 개선되었다. 돈 선거의 책임을 주는 쪽뿐만 아니라 받는 쪽에게도 묻게 한 것이다.

관권 개입, 돈 선거 이외에도 선거의 공정성을 높이기 위한 제도적인 측면에서의 개혁도 꾸준히 이뤄졌다. 여기에는 헌법재판소의 역할이 중요했다. 자유민주주의 체제에서 정치적 평등은 매우 중요한 원칙인데 이는 선거에서 '일인일표一人一票'로 제도화되었다. 국왕이나 귀족이나 부자나 빈자나 모두 한 표씩의 동등한 권리를 행사해야 한다는 것이다. 그러나 현실적으로 이 원칙은 잘 지켜지지 않았다.

지역마다 국회의원 1명을 선출하는 유권자의 수가 크게 달랐기 때문이다. 헌법재판소는 1995년 최대-최소 선거구 간 인구 편차를 4대1 이하로 줄이라고 판결했는데 당시 선거구 간 인구 편차는 최대 5.87대1이었다. 최소 선거구인 전남 장흥군 선거구의 인구는 6만 1529명인데 비해, 부산 해운대구, 기장군 선거구의 인구는 36만 1396명이었다. 헌법재판소는 2001년 10월에는 3대1 미만으로, 그리고 2014년 10월에는 그 편차를 2대1까지 줄이라고 판결하면서 표의 등가성 문제는 크게 개선되었다.

또한 과거에는 각 정당이 지역구에서 얻은 득표 비율로 비례대표 의석을 나눴지만 2004년부터 1인 2표제를 도입해 비례대표 의석을 배분하고 있다. 이 역시 헌법재판소의 판결에 따른 것인데 그 이유는 크게 두 가지다.

첫째는 지역구에서 특정 정당의 후보에게 표를 던진 유권자의 표는 비례대표 후보 선정에 다시 영향을 미치게 되지만, 무소속 후보에게 표을 던진 유권자의 표는 비례대표 후보 선정에 영향을 미칠 수 없기 때문이다. 둘째는 지역구에서 특정 후보자에 던진 표가 반드시 그 정당에 대한 지지라고 볼 수는 없기 때문이다. 그 정당이 싫지만 사촌형이라든지 가까운 선배라든지 등의 개인적 관계나 후보의 인품이나 역량 때문에 투표한 경우도 있기 마련이다. 이러한 이유로 이제는 지역구 후보에게 한 표, 지지하는 정당에 한 표를 던지는 1인 2표제가 되었다.

이처럼 관권 개입, 돈 선거, 그리고 선거 관련 제도의 개혁으로 공정하고 자유로운 선거, 절차적 민주주의의 확립이라는 1987년 개헌의 핵심적 목표는 상당한 정도 달성되었다.

지역주의의 폐해와 선거제도의 맹점

민주화 이후의 선거 정치는 지역주의에 의해 '지배되었다'고 할 만큼 큰 영향을 받았다. 지역주의 정치는 사실 거의 모든 사람들이 비판하지만 지금까지도 좀처럼 사라지지 않고 있다.

지역주의 정치가 사라지지 않는 데는 여러 가지 요인이 있을 수 있지만 선거제도 역시 지역주의 정치의 지속에 큰 영향을 미치고 있다. 이에 김대중 대통령은 1999년 광복절 연설에서, 노무현 대통령은 2003년 4월 취임 후 첫 국회 연설에서, 이명박 대통령은 2009년 광복절 연설에서 모두 선거제도의 개혁을 이야기했다.

현재 우리나라의 선거제도는 지역구에서는 단순다수제가 사용되고 있으며, 이와 함께 정당 투표를 통한 비례대표제 방식도 사용되고 있다. 이러한 방식을 다수제 혼합형 선거제도 MMM, Mixed Member Majoritarian 라고 한다.

그렇지만 전체 의석 가운데 비례대표의 비율이 워낙 낮기 때문에 실제로는 단순다수제 선거제도의 효과가 크게 나타나고 있다. 단순다수제는 상대다수제, 1위 대표제 등의 다양한 이름으로 불리는 데 과반을 넘지 않더라도 후보자들 가운데 한 표라도 더 얻으면 당선이 되는 방식이다. 실제로 2000년 4월 13일에 실시된 제16대 국회의원 선거에서 한나라당 박혁규 후보가 1만 6675표를 얻어 1만 6672표를 얻은 민주당 문학진 후보를 3표 차이로 이기고 당선된 바 있다.

단순다수제의 문제는 무엇보다 사표死票가 많이 발생한다는 데 있다. 과반수와 무관하게 가장 많은 지지를 획득한 후보가 당선되기 때문에 경쟁 구도에 따라서는, 절반보다 훨씬 적은 득표로도 당선이 가능하다. 따라서 이는 동시에 당선에 영향을 미치지 못하고 버려지는 사표의 비율이 높을 수 있음을 의미한다.

예컨대 세 명의 후보자가 팽팽한 접전을 벌인 결과 세 후보의 득표율이 각각 33.3퍼센트, 33.3퍼센트 그리고 33.4퍼센트라면, 33.4퍼센트를 얻은 후보자는 당선되지만 그 지역의 보다 많은 66.6퍼센트 유권자의 뜻은 '죽은 표'가 되어버리는 것이다. 네 명이 접전을 벌였다면 당선자는 25퍼센트를 조금 넘는 비율이면 당선될 것이고 그 경우 이보다 훨씬 많은 75퍼센트에 가까운 지역 유권자의 선택은 버려지고 만다.

실례를 들어보면, 1992년 영국의 인버네스Inverness, 네른 Nairn, 로카버Lochaber에서의 선거 결과 자유민주당Liberal Democrats 후보가 26퍼센트를 얻어 당선되었는데, 이때 노동당Labour 후보는 25.1퍼센트, 스코틀랜드민족당SNP 후보는 24.7퍼센트, 그리고 보수당Conservative 후보는 22.6퍼센트를 얻었다. 70퍼센트가 넘는 이 지역 유권자의 뜻은 정치적으로 반영되지 못한 것이다.

우리나라에서도 비슷한 경우가 있었는데 1996년 4월 11일 제15대 국회의원 선거 때 강남을 선거구에서는 무소속 홍사덕 후보가 26.1퍼센트로 당선되었다. 신한국당 정성철 후보는 24.3퍼센트, '자유민주연합(자민련)' 이태섭 후보는 23.6퍼센트, 새정치국민회의 김태우 후보는 21.2퍼센트를 각각 얻어, 결과적으로 당시 강남을 유권자 중 75.7퍼센트의 선택은 무의미하게 버려졌다.

더욱 큰 문제는 지역적으로 밀집된 지지를 확보한 정당에게 단순다수제가 더욱 유리하게 작용한다는 것이다. 다시 말해 단순다수제 선거제도가 지역주의 정당에게 제도적인 유리함을 준다는 것이다. 가상의 선거 결과를 예를 들어서 살펴보자.

가~바 6개의 지역구에서 A~C 3개의 정당이 경쟁한 결과, A정당은 가, 나, 다 지역구에서 모두 60퍼센트에 달하는 득표율을 얻었다. 그러나 라, 마, 바 지역구에서의 득표율은 10퍼센트에 머물고 만다. A정당은 가, 나, 다 지역에 지지가 집중되어 있다. C정당은 가, 나, 다 지역에서는 후보조차 내지 못했지만 라, 마, 바 지역에서는 50퍼센트의 득표를 했다. 즉 C정당은 라, 마, 바 지역에 지지가 집중된 정당이다. 이에 비해 B정당은 6개 지역구 모두에서 40퍼센트의 고른 득표율을 얻었다. B정당은 지역주의 정당이 아니라 전국적으로 고른 지지를 얻은 정당이다.

그러면 결과가 어떻게 될까? 가, 나, 다 지역구에서는 A정당이 라, 마, 바 지역구에서는 C정당이 의석을 차지하게 된다. 결과적으로 B정당은 전체 지역구에 고른 득표율을 가졌음에도 단 한 석도 차지하지 못한다. 평균 지지율을 봐도 A정당은 35퍼센트, B정당은 40퍼센트, C정당은 25퍼센트지만, 지역적으로 밀집된 지지를 갖지 못한 B정당은 하나의 의석도 차지하지 못한다. 이러한 결과가 나타난 것은 이 선거제도가 지역적으로 밀집된 지지를 갖는 정당에 유리함을 주기 때문이다.

영국의 1983년 총선에서 노동당은 28퍼센트의 지지율로 209석을 가져갔으나, 자유당 Liberals과 사회민주당 Social Democrats의 '연합 Alliance'은 25퍼센트의 지지율에도 불구하고 23석에 그치고 만다. 비슷한 득표율에도 의석수에서 이렇게 커다란 차이가 나타난 것은 노동당의 경우 북부 잉글랜드 등 밀집된 지지 지역이 있었던 데 비해 연합에 대한 지지는 전국적으로 고르게 나타났기 때문이다.

이는 우리나라 또한 마찬가지다. 1996년 총선거에서 지역별 최다 득표 정당의 득표율과 의석률을 보면 지역에 따라 극명한 차이를 발견할 수 있다. 이때 부산에서는 신한국당이 실제로 55.8퍼센트에 불과한 득표율로 모든 의석을 차지했다. 마찬가지로 대전에서도 자유민주연합이 절반이 안 되는 49.8퍼센트의 득표율만으로 지역의 전 의석을 차지한다.

이처럼 지역주의 정당정치가 반드시 그 지역 유권자 가운데 압도적 다수에 의해 유지되어온 것은 아니라는 것을 알 수 있다. 우리 정치가 지역주의에서 벗어나 한 걸음 더 발전해가기 위해서는 지역 내의 다양한 정치적 의견이 고르게 대표될 수 있도록 해야 한다. 다양한 유권자의 의견이

정당\지역	신한국당		새정치국민회의		자유민주연합	
	득표율	의석률	득표율	의석률	득표율	의석률
부산	55.8	100				
경남	46.5	73.9				
대구					35.8	61.5
경북	34.9	57.9				
광주			86.2	100		
전남			71.0	100		
전북			63.7	92.9		
대전					49.8	100
충남					51.2	92.3

1996년 총선거의 지역별 지지 정당

대표되어야 정치의 다원성을 회복하고 양극적인 갈등을 해소할 수 있을 것이다.

국회의원의 수는 많아져야 한다

선거제도 개혁에 대한 논의는 예전부터 꾸준히 이어져왔다. 그리고 그때마다 특히 정치권을 중심으로 제기되는 대안이 이른바 중대선거구제다. 중대선거구제란 한 선거에서 다수의 당선자를 선출하지만 유권자는 한 표만 던지는 방식이다. 과거 유신 정권과 전두환 정권 때 사용되었던 한

후보	A	B	C	D	E	F	G	H	합계
득표	35	30	25	3	2.5	2	1.5	1	100

중대선거구제의 대표성 문제

선거구에서 2명의 의원을 선출했던 방식이 일종의 중대선거구제다.

이처럼 우리나라에서 중대선거구제는 원래 정치적으로 좋지 않은 의도에서 도입되었다. 이 선거제도는 대표적으로 일본과 대만에서 사용되었는데 정치 부패 등의 문제로 일본은 1994년, 대만은 2005년에 우리와 유사한 1인 2표제 혼합형 선거제도로 개정했다. 사실 이 선거제도는 여러 가지 문제점을 갖고 있기 때문에 세계적으로는 거의 사용되지 않는다.

우선 들 수 있는 문제점은 대표성에 대한 것이다. 어느 선거구에서 8명의 후보가 출마하여 다음처럼 득표를 했다고 가정해보자. 여기가 5인을 선출하는 중선거구라고 한다면 A, B, C, D, E가 당선될 것이다. 그런데 D, E는 각각 3퍼센트, 2.5퍼센트의 득표로 국회의원에 당선된 것이다. 이러한 상황이라면 대표성에 문제가 생길 수밖에 없다.

또한 A, B, C가 같은 정당 갑 소속이고 D, E가 정당 을 소속이라면, 정당 갑은 90퍼센트의 득표로 60퍼센트의 의석을 차지한 반면, 정당 을은 5.5퍼센트의 득표로 40퍼센트의 의석을 차지한 것이다. 비례성에도 문제가 있는 것이다.

그런데 중대선거구제는 현실 정치에서 보다 심각한 문제를 낳는다. 나쁜 정치를 만드는 것이다. 예컨대 5인 선거구에서 특정 정당에 대한 지지가 무척 강하다면 정당의 입장에서는 5명을 모두 복수로 공천할 것이다. 해당 정당에서 1명만 공천했다면 그 정당을 좋아하는 유권자들은 쉽게 그 후보자에게 투표할 것이다. 그런데 5명이 모두 같은 정당의 공천을 받아 출마했기 때문에 그 정당을 좋아하는 유권자라고 해도 이제 정당은 투표 선택의 기준이 될 수 없다. 유권자들은 후보자 개인에 주목하게 되고 결국 선거 경쟁은 정당 간 경쟁이기보다 후보자 간 경쟁이 된다.

후보자 입장에서는 본인이 속한 당의 지지세가 강한 지역이라고 해도 5명이 반드시 다 된다는 보장이 없기 때문에 선거 경쟁은 다른 정당의 후보뿐만 아니라 같은 정당 후보와도 이뤄진다. 선거가 후보자 개인 간의 경쟁이 되면 개인 사조직이나 지연, 학연, 혈연에 의존한 선거운동이 될 수밖에 없다. 선거운동에 돈이 많이 들어갈 수밖에 없는 것이다. 더욱이 5인 선거구인 만큼 1인 선거구에 비해 면적은 5배 늘어날 것이기 때문에 선거 비용은 어마어마하게 늘어날 것이다.

일본에서는 이러한 상황에서 각 파벌의 보스들이 후보자에게 선거 비용을 제공하고 그 대신 파벌 보스에 대한 정치적 충성을 교환하는 정치적 거래가 횡행했다. 파벌 보스로서는 파벌의 영향력을 키우기 위해서는 막대한 정치 자금이 필요할 수밖에 없으며 이는 정경유착이나 부패로 이어졌다.

1974년 당시 현직 수상이었던 다나카 가쿠에이田中角榮가 미국 방위 업체 록히드 마틴으로부터 뇌물 수수 혐의로 구속된 것도 이러한 맥락 속에서 이해할 수 있다. 이러한 폐단으로 결국 일본은 1994년 선거제도를 개정한다. 이상의 문제점만 봐도 선거제도를 '개혁'하겠다면서 중대선거구제를 대안으로 제시하는 것은 바람직해 보이지 않는다.

결국 대안은 비례대표제를 강화하는 방법밖에 없을 것으로 보인다. 예컨대 어떤 정당이 특정 지역에서 60퍼센트

연도	1988	1992	1996	2000	2004	2008	2012	2016
총의석	299	299	299	273	299	299	300	300
비례대표 의석	75	62	46	46	56	54	54	47
비율	25	21	15	17	19	18	18	16

비례대표 의석의 계속된 축소

를 득표했으면 60퍼센트만큼의 의석을 가져가고, 나머지 40퍼센트는 각자 득표한 대로 다른 정당들이 차지하도록 하는 것이다. 그렇게 된다면 지역주의로 인한 문제를 해결할 수 있다.

제20대 국회 현재 우리나라 비례대표의 규모는 47석으로 300석 가운데 15.7퍼센트밖에 되지 않는다. 이 정도의 규모로는 지역주의로 인한 지역별 일당 지배 체제를 해결하기 어렵다. 일본은 중의원의 경우 480석 가운데 지역구로 300석, 비례대표로 37.5퍼센트에 이르는 180석을 뽑고 있다. 대만은 113석 중 지역구 73석, 정당 투표 34석, 대만 원주민 6석으로 비례대표는 전체 의석의 31.8퍼센트의 비율을 보인다.

반면 우리나라는 지역구와 관련된 문제가 생길 때마다

비례대표 의석을 꾸준히 줄여왔다. 그 결과 비례대표 선정부터 시작해 계속해서 잡음이 끊이지 않고 있다. 그렇다면 비례대표 의석을 얼마나 늘려야 할까? 그런데 이를 둘러싸고도 또 하나의 문제가 있다.

300석의 의석을 고정해놓고 비례 의석을 늘린다면 불가피하게 지역구 의석을 그만큼 줄여야 한다. 예컨대 현재의 의석에서 비례 의석을 100석으로 늘린다면 지역구 의석을 53석 줄여야 한다. 그러나 국회의원들이 자신들의 지역구 의석을 줄이겠다고 선뜻 나설 가능성은 전무하다. 결국 비례성을 강화하기 위해서는 국회의원 수를 늘리는 것이 실질적인 대안이다.

의원 수를 늘리자고 하면 좋아하지 않는 사람들이 많지만 사실 우리나라 인구 대비 국회의원 수는 다른 민주주의 국가들과 비교할 때 많은 편이 아니다. 더욱이 시간이 갈수록 국회의원 1명이 대표하는 인구 규모는 점차 늘어나고 있다. 국민 모두가 정책 결정에 참여하는 것이 이상적인 형태라면 대표자가 대표하는 인구 규모는 작을수록 좋을 것이다.

제헌국회 때 국회의원 1명이 대표하는 인구수는 9만

6000여 명이었으나 제20대 국회의원 1명이 대표하는 인구수는 17만여 명이 넘는다. 제20대 국회의원 1명이 대표하는 인구가 제헌국회 때의 두 배에 달하는 것이다. 유신 체제나 전두환 정권 때보다도 훨씬 많은 수치다. 더욱이 국가 예산이 500조 원에 달하는 상황에서 국회의 행정부 감시의 중요성도 더욱 커져가고 있다. 결론은 국회의원 수를 지금보다 크게 늘려야 한다.

선거 제도 개혁의 방향과 필요성

만약 선거제도를 개혁한다면 어떤 방식이 가장 적절할까? 앞서 이야기했듯이 지금 우리가 사용하고 있는 방식은 다수제 혼합형 선거제도다. 한 가지 대안은 현재의 방식을 그대로 사용하면서 비례대표 의원의 수를 대폭 늘리는 것이다. 제20대 국회의 지역구와 비례대표 의석은 각각 253석, 47석인데, 비례 의석을 지역구의 절반 정도인 125석로 늘리면 지금보다는 비례성이 높아질 수 있다. 이러한 경우 의석수는 78석이 늘어 378석이 된다.

그런데 이러한 다수제 방식의 혼합형 선거제도보다 더 비례성이 높으면서도 지금 선거제도와 유사한 방식이 비레제 방식의 혼합형 선거제도^{MMP, Mixed Member Proportional}이다. 연동형 비례대표제라고도 불린다. 이 선거제도도 한 표는 지역구에, 한 표는 정당 명부에 투표한다는 점에서 지금 우리가 하는 방식과 같다. 그렇지만 의석 배분 방식에서 두 제도는 차이가 있다.

현행 우리 선거제도는 한 정당이 지역구에서 얻은 의석과 정당 명부에서 얻은 의석을 단순 합산한다. 예컨대 전체 의석이 300석이고 그중 47석이 비례대표 의석인 지금의 상황에서, A정당이 지역구에서 50석을 얻었고 정당 투표로 30퍼센트를 얻었다면 14석이 배분되어 모두 64석을 차지하게 된다. 그러나 연동형 비례대표제에서는 정당 투표가 의석 배분의 기준이 된다.

정당 투표로 30퍼센트를 얻은 A정당은 300석의 30퍼센트, 곧 90석의 의석을 차지하게 된다. 그런데 지역구에서 50석을 얻었기 때문에 나머지 40석은 비례대표 의석으로 배분되게 되는 것이다.

이처럼 연동형 비례대표제에서는 정당 투표가 더 중요하다. 때로는 A정당이 지역구 선거에서 92석을 차지해서 정당 투표의 비율로 주어질 의석보다 더 많은 의석을 차지하는 경우도 나타날 수 있기 때문이다. 이를 초과 의석이라고 한다.

연동형 비례대표제는 독일, 뉴질랜드 등에서 사용되고 있다. 정당 투표의 득표율을 기준으로 의석이 배분되기 때문에 한 정당이 특정 지역의 의석을 독점할 수는 없다. 지역주의 정치가 유지될 수 없는 것이다. 또한 정당 지지도가 곧바로 의석으로 전환되는 시스템이기 때문에 정당이나 정치인들이 여론에 보다 민감할 수밖에 없다. 의석을 차지할 수 있는 정당의 수도 늘어나기 때문에 정치적으로 다양한 견해가 국회를 통해 대표될 수 있다.

선거제도 개혁의 필요성은 사실 김대중 정권 때부터 20여 년간 가까이 꾸준히 논의되어온 것들이다. 현재 우리 사회에서 나타나고 있는 여러 가지 갈등의 기저에는 지역주의에 기초한 두 개의 큰 정당이 정치를 장악함으로써 폐쇄적인 양극 구조를 유지하고 있는 것과 매우 큰 관계가 있다. 중앙 정치에서 보면 다당적인 경쟁이 이뤄지고 있는 것 같지만, 지역 수준으로 내려가면 정당정치는 일당 지배의 구조를 띠고 있다.

이러한 상황에서는 당의 공천이 곧 당선을 의미하기 때

문에 정치인들은 지역 유권자들의 목소리에 귀 기울이기보다는 공천권을 쥐고 있는 당의 실력자에게 더욱 잘해야 하는 것이다. 유권자들이 보기에 만족스러운 정치가 이러한 구조 속에서는 이뤄질 수 없다. 더욱이 경쟁하는 정치 세력이 없다면 부패가 발생하기도 쉽다. 이와 같은 문제점을 개선하기 위해서는 정치적 대표성을 특정 정당이 독점하는 지역주의 정치에서 벗어나야 한다. 그런 점에서 선거 제도의 개정은 우리의 정치를 한 단계 더 혁신하기 위해 필요한 것이며 더 이상 미룰 수 없는 과제다.

앞서 살펴본 대로, 선거 정치는 우리 정치사에서 커다란 정치적 격변이 있기 전에 의미 있는 시그널을 보내왔다. 또한 4·19 혁명이나 6월 항쟁 모두 선거와 깊은 관련이 있는 사건이었다. 민주화와 함께 절차적 민주주의가 복원되었고 이제 30년이 넘는 세월이 흘렀다. 그 사이 우리나라의 선거는 공정하고 자유로운 정치적 경쟁의 장이 되었다. 그리고 이제 누구도 공정하고 자유로운 선거 이외의 방법으로 권력을 추구할 수 없게 되었다. 여야 간의 권력 교체도 일반적인 현상이 되었다.

이제는 절차적 민주주의의 확립이라는 소극적 목표를

넘어 개방적이고 공정한 대표성의 확립, 정치적 표현과 선거운동의 자유, 비례성의 확보 등 민주적 가치가 보다 적극적으로 구현될 수 있는 방향으로 선거 정치를 개혁해나가야 할 때다.

Q 묻고

답하기 **A**

국회의원 수를 증원할 때 거둘 수 있는
긍정적인 효과는 무엇인가?

국회의원 증원에 반대하는 이유는 정치가 제 역할을 못하기 때문이겠지만 또 한편으로는 국회의원이 권위적으로 행동하는 것처럼 보이기 때문이다. 그래서 그런 자리를 더 많이 늘리는 게 탐탁치 않아 보인다. 그러나 사실 국회의원 수가 적을수록 그 자리는 더욱더 권위적으로 될 것이다. 아무나 할 수 있는 자리가 아닌 것이 되기 때문이다. 역으로 국회의원 수가 크게 늘어난다면, 예컨대

1000명이라면 누구든 지금보다 쉽게 맡을 수 있는 자리가 된다. 수가 늘어나면 국회의원의 권위적 모습은 줄어들게 될 것이라는 말이다.

국회에 과학기술정보방송통신위원회라는 상임위원회가 있다. 과학, 기술, 정보, 방송, 통신 각각의 분야는 모두 전문성이 높은 분야다. 어느 하나만을 국회의원들이 감시, 감독하려고 해도 상당한 공부를 해야 할 분야다. 하지만 이 다양한 업무 영역이 하나의 상임위원회에 속해 있다. 그만큼 관련 부서에 대한 전문적인 감독은 어려워질 수밖에 없고 예산 감시도 쉽지 않다.

국회의원 수가 늘어난다면 이와 같은 업무 영역이 복잡하게 얽혀 있는 상임위원회의 기능을 세분화할 수 있어서 국회의 행정부 감시, 감독도 더 철저해질 수 있을 것이다. 국가 예산이 500조 원에 달한다. 국회의원을 늘려서 잘못 사용되거나 방만하게 지출된 예산을 1퍼센트만 찾아낼 수 있어도 그 금액이 5조 원이다. 국회의원 몇 명 늘리는 비용이 문제가 되지 않는 금액이다.

조직의 규모가 커지면 개개인의 역량은 줄어드는 것처럼, 국회의원 증원 문제도 역효과가 생길 수 있지 않은가?

국회의원 수가 증원된다면 조금 더 다양한 생각을 갖는 사람들이 모여 현재 상대적으로 덜 대표되어 있는 여성이나 장애인, 청년, 저소득층, 탈북자나 귀화 외국인 등 사회적 약자들을 위한 목소리를 내줄 수 있을 것이라 생각한다. 지역구 선거에서 당선되기 어렵거나 그러한 방식을 꺼리는 전문가들을 충원하는 데도 도움이 될 것이다.

비례대표의 의석수가 늘어나면 그만큼의 새로운 시각을 가진 사람들에게 그 자리가 돌아갈 것이기 때문이다. 즉 국회의원 대표성이 다원화되어 보다 많은 사회적 이해관계를 정치적으로 풀어나가는 계기가 마련될 것이라 기대할 수 있다.

다만 그동안의 비례대표 의원의 충원은 당 지도부를 중심으로 매우 폐쇄적으로 이뤄져왔다. 이러한 것을 그대로 두고 비례대표를 늘려서는 안 된다. 비례대표 공천의 과정이 투명하게 공개되어야 하고 당원이나 당 대의원 들의 투표나 인준 과정 등 민주적 절차를 거쳐야 한다. 또한 원래의 목적대로 사회적 약자를 포함하여 다양한 목소리가 비례대표 선정 과정에 반영되어야 한다.

3부 _____

정당, 정치의 역사를 쓰다

정당은 본질적으로 권력을 추구한다. 그 권력이 국가와 시민사회를 연계하며 진정한 대의민주주의를 위해 사용될 때, 비로소 정당정치는 오늘날 포퓰리즘 위기의 대안이 된다.

정당은 왜 필요한가

권력에 눈이 어두워야 정당이다

미국의 정치학자 샤츠슈나이더^{E. E. Schattschneider}는 말했다. "정당이 민주주의를 만들어냈고, 근대 민주주의는 정당과 관련하지 않고는 생각할 수 없다."

이처럼 근대 이후 민주주의에서 정당은 정치 과정에 매우 중요한 역할을 담당하고 있다. 그러나 최근 들어서는 전 세계적으로 정당정치가 어려움을 겪고 있다. 정당정치가 제 역할을 못 하면서 생겨난 민주주의의 위기 징후들이 나타나고 있는 것이다.

영국에서는 정당정치의 실패가 결국 2016년 브렉시트로 표면화되었고 장기간 정치적 혼란 속에서 벗어나지 못했다. 미국에서도 2016년 트럼프와 같은 포퓰리스트 정치인이 대통령으로 당선되었는데, 하버드대학교의 교수인 정치학자 레비츠키Steven Levitsky와 지블랫Daniel Ziblatt은 『어떻게 민주주의는 무너지는가How Democracies Die』에서 그 원인을 미국의 정당정치에서 찾았다.[3] 다른 오래된 민주주의 국가에서도 기존 정당들에 대한 불신의 고조가 극단주의 정당이나 포퓰리스트 정당의 등장을 이끌고 있다.

우리나라에서도 지지하는 정당이 없다고 하는 무당파의 비율이 높고 정당에 대한 불신도 크지만 건강한 정당정치는 민주주의의 원활한 작동을 위해 필수 불가결하다. 그런 점에서 우리 정당정치의 역사와 변천 과정에 대해 살펴볼 필요가 있다.

그렇다면 정당이란 무엇일까? 정치에 관심을 갖는, 정치에 참여하는 집단을 정당이라고 한다면 사실 너무나 많은 곳이 포함될 수 있다. 예컨대 참여연대, 환경운동연합, 각종 노동조합, 의사협회 모두 사안별로 정치에 참여하고, 정치에 영향력을 미치려는 집단이다. 환경운동연합은 4대강 정비 사업이나 원자력발전소 건설 등 국가의 매우 중요한 정책과 관련해 자신의 의견을 표출하고 정책의 방향이나 집행에 영향을 미치고자 한다. 의사협회 역시 과거 의약분업을 비롯해 건강보험 관련 정책에 대해 의견을 내세우고 정책에 영향을 미치려고 한다.

노동조합 또한 마찬가지다. 모든 노동조합은 이익집단으로서 노동조합원들의 이해관계를 추구하지만, 동시에 정치에 참여하고 영향력을 행사해서 그들에게 보다 유리한 정책을 구현하고자 한다. 국가 정책의 형성이나 집행에 영향을 미치려고 한다는 점에서 이들 집단들은 모두 정치 행위를 하고 있다.

그런데 우리는 이들 집단을 정당이라고 부르지는 않는다. 이들은 개별적 이익을 추구하는 이익집단interest group이거나 보다 공공의 이익을 추구하는 비정부기구NGO, 압력단체pressure group, 주창자 집단advocacy group이라고 한다. 이들을 정당이라고 부르지 않는 것은 정당과 구분되는 점이 있기 때문이다. 바로 권력의 추구 유무다.

이는 정당과 다른 정치 집단들을 구분하는 가장 큰 차이다. 종종 정당을 두고 '권력에만 눈이 어두워서'라고 지적하지만, 권력에 눈이 어두운 곳이 바로 정당이다. 권력을 추구하는, 즉 선거에서 공직을 얻음으로써 통치기구를 통제하려는 사람들의 모임이 곧 정당인 것이다.

군의 쿠데타나 혁명 등 폭력적인 방식에 의해 권력을 장악하는 경우도 있겠지만, 민주주의 국가에서는 모두 선거라는 국민의 동의 과정을 통해 공직을 얻는다. 따라서 권력을 갖기 위해서는 선거에 나서야 한다. 민주주의 체제에서 정당은 선거에 후보자를 내세워 공직을 차지함으로써 권력을 얻으려는 사람들의 집단이다. 따라서 선거에 참여하지 않는 집단이라면, 설사 외형상 정당의 모습을 가지고 있다고 하더라도 정당이라고 부를 수 없다.

이때 유권자들에게 권력을 달라고 하기 위해서 정당은 왜 자신들이 권력을 장악해야 하는지를 설득해낼 수 있어야 한다. 우리가 집권하는 세상을 이렇게 바꾸겠다, 저렇게 바꾸겠다고 하는 정책 방향의 기반이 되는 세계관, 이념, 철학이 제시되어야 하는 것이다. 정당은 이처럼 정치적 가치가 비슷한 이들이 모인 집단이라는 특성도 갖는다.

프랑스 대혁명 시기 영국의 철학자이자 정치가 에드먼드 버크 Edmund Burke는 정당을 동일한 세계관 및 정치관을 공유한 사람들의 집단이라고 정의했다. 정당이란 "모두가 동의하는 특정의 원칙 some particular principle에 입각해 공동의 노력으로 국가적 이익national interest을 증진시키기 위해 결합된 사람들의 단체"이며, 집권 후 어떠한 형태의 정치를 펼치겠다는 이데올로기가 전제되어 있다고 보았다. 버크는 시대적으로 볼 때 정당정치의 중요성을 빨리 깨달은, 정당과 관련해 선각자적인 역할을 했던 인물이었다.

이처럼 정당은 권력을 추구하는 집단이라는 것, 정치적으로 뜻을 같이 하는 사람들의 집단이라는 특성을 갖는다. 그러나 우리나라는 그동안 정당의 이념적인 차이가 명확히 구분되지 않았던 것이 사실이다. 지역이나 인물을 중심으로 한 규합이었다. 그러나 지금은 우리 정당정치도 이념에 따라 뚜렷이 구분되고 있다. 어느 당이 집권하느냐에 따라 정책의 방향도 크게 달라지게 되었다.

우리 사회 속 정당 역할의 본질

정당정치는 사회에서 매우 중요한 기능을 담당하는데, 그 중 하나가 사회 갈등의 관리다. 정당은 국가에 대한 유권자들의 요구를 받아들여 국가에 전달하는 역할을 한다. 이 과정에서 여당은 이를 정책화하는 방법으로, 야당은 대정부질문이나 상임위원회의 등의 방법을 사용해 시민사회에서 제기되는 다양한 요구와 이해관계들을 정부에 전달한다.

또한 정당은 권력 장악을 위해 지지층을 조직해내면서 이로부터 도출한 사회적 요구를 국가의 정책 결정 과정에 전달하기도 한다. 이러한 정당의 활동을 통해 정치체제에는 정당성이 부여되며, 정치적 충원도 가능해지게 된다. 정당은 시민사회와 국가를 연계해주는 제도적으로 확립된 기구로, 정당이 원활하게 작동되어야 그 사회의 정치적 안정을 구현할 수 있게 된다.

그러나 사실 정당은 비교적 새로운 현상으로, 역사 또한 그리 오래되지 않았다. 특히 오늘날과 같은 형태의 정당이 등장한 것은 대중 선거권이 확보된 후의 일이다. 영국의 경우 1800년대 후반에 남성 노동자들에게 처음으로 선거권이 주어졌으며, 1906년에 이르러서야 영국 노동당이 창당된다. 정당의 역사는 기껏해야 1세기를 조금 더 넘었을 뿐이다.

이처럼 정당의 출현은 근대 민주주의 시민사회의 등장과 궤를 같이한다. 근대 민주주의의 진전과 함께 정치나 정당을 바라보는 시각 자체에 근본적인 변화가 생겨난다. 즉 하나만이 옳은 것이 아니라 서로 다른 다양한 것이 다 받아들여질 수 있다는 다원주의적 시각이 사회적으로 발전함으로써 정당이 등장할 수 있는 배경이 된 것이다.

그러나 과거에는 정당을 기본적으로 파벌과 동일시했다. 정당을 공동의 이익이 아니라 제한된 소수의 사적 이익을 추구하는 집단으로 받아들였던 것이다. 따라서 국가의 정책에 반대하는 사람들은 국가에 대한 음모를 꾀는 사악한 집단이라 취급되었다. 즉 부분part을 주장하는 것은 전체의 이익을 해치는 행위라고 간주한 것이다. 생각의 차이나 사회의 다양성이 받아들여지지 않던 때의 이야기다.

과거 박정희 정부 때 국론 분열이나 총화 단결과 같은 구호 모두 이러한 전체주의적 시각에서 파생된 것이다. 그때만 해도 사회란 여러 이해관계, 다양한 생각이 공존할 수 있다는 전제가 받아들여지지 않았다. 부분이란 전체에서 어긋나는, 전체를 훼손시키는 것에 불과했다.

그러나 민주주의의 진전과 함께 사람들의 생각은 점차 바뀌기 시작한다. 과거에 부분은 전체의 이익에 반하는 것 parts against the whole으로 간주되었지만, 전체라는 것은 부분들이 모여 이뤄진 것, 즉 전체는 부분의 합parts of the whole으로 보는 사회적 시각의 변화를 통해 정당정치는 오늘날과 같은 모습으로 발전해나간다. 정당정치는 다양한 '부분들'이

공존할 수 있고 그러한 부분들이 국가라는 전체를 이루는 것이라는 다원주의적 사고가 보편화되면서 자리 잡게 되었다.

영국은 이른 시기에 정당정치가 발전했던 나라 중에 하나로, '여왕 폐하에 충성스러운 야당Her Majesty's Loyal Opposition'이라는 개념도 이러한 과정을 거쳐 받아들여지게 된다. 과거에 야당은 역모나 도전을 꾀하는 존재, 즉 전체에 해를 끼치는 존재로 취급되었지만, 민주주의의 진전을 통해 이제 체제 내에서 다양한 목소리를 전달해주는 존재로서 받아들여지게 된 것이다.

사실 민주주의 사회에서 합의consensus란 절대 만장일치unanimity일 수 없다. 이 복잡한 사회가 같은 생각을 갖는 이들로 구성되어 있다고 볼 수는 없다. 따라서 민주주의 사회에서 합의는 여러 가지 형태의 토론과 협의에 의해서 만들어지며, 모두의 뜻이 합치되었다 하더라도 토론과 양보와 타협을 통해 이뤄진 다원적 만장일치pluralistic unanimity의 형태다. 사회란 원래 불일치나 다양성으로 구성되며 합의는 만들어지는 것consensus-building이다. 정당정치는 이처럼 민주주의의 발달과 함께 비로소 자리 잡게 된다.

정당은 국가와 시민을 매개해야 한다

실제 우리나라의 정당은 시민사회와 국가를 어떻게 연계하고 있을까? 우리나라 정당법에서는 매우 통치적인 관점에서 정당의 역할을 정의내리고 있다. 정책의 추진, 후보자 추천, 여론 형성 등 국가와 관련된 정책 및 정치적 측면을 강조한 모습이다.

> 제1조(목적) 이 법은 정당이 국민의 정치적 의사형성에 참여하는데 필요한 조직을 확보하고 정당의 민주적인 조직과 활동을 보장함으로써 민주정치의 건전한 발전에 기여함을 목적으로 한다.
>
> 제2조(정의) 이 법에서 "정당"이라 함은 국민의 이익을 위하여 책임 있는 정치적 주장이나 정책을 추진하고 공직선거의 후보자를 추천 또는 지지함으로써 국민의 정치적 의사형성에 참여함을 목적으로 하는 국민의 자발적 조직을 말한다.

우리나라 최초의 정당법은 김종필의 주도로 1962년 12월 31일에 제정 및 공표되어 이듬해 1월 1일에 시행되었다. 당시 정당법이 있었던 나라는 전 세계적으로도 서독과 아르헨티나 두 나라뿐이었는데, 서독의 정당법을 참조했다. 당시 서독에서는 히틀러의 통치와 같은 잘못을 반복하지 않기 위해서 건강한 정당정치의 확립을 중요하게 생각했다. 특히 바이마르공화국에서 여러 정당정치의 폐해를 겪었고, 그 체제를 통해 나치당이 성장했던 만큼 이에 대한 반성으로 건전한 정당정치의 육성을 위한 차원에서 정당법을 만들었다.

그러나 군사 쿠데타 이후 정치 활동을 금지시킨 군정 시기에 서독과 같은 의도를 갖고 정당법을 만들었다고 보기는 어렵다. 당시 김종필은 민주 정권 이양 이후 강력한 정당 조직을 통해 장기 집권을 위한 제도적 장치로 이를 활용하고자 했다. 앞서 본 우리나라 정당법을 보면 강조점이 국가 영역에 놓여 있음을 알 수 있다. "정치적 주장이나 정책을 추진"하거나 "공직 선거의 후보자를 추천 또는 지지"하는 것이 정당의 역할로 되어 있다. 국가를 중심으로 본 정당의 역할이다. 여기에서는 시민사회와의 관계, 시민들에 대한 정당의 역할은 아예 빠져 있다. 서독에서 만들어진 정당법의 내용을 보면 우리와의 차이를 금방 알 수 있다.

제1조 제2항 정당들은 공공 생활 영역의 모든 분야에서 인민들의 정치적 의지의 형성에 다음과 같은 방식으로 참여한다.
- 여론의 형성과 관련하여 그들의 영향력을 행사하고, 정치 교육을 고무하고 진전시킨다.
- 개별 시민들이 정치 생활에 적극적으로 참여하도록 촉진하고, 역량 있는 사람들이 공공 책무를 담당하도록 훈련시킨다.
- 연방, 주, 지역 정부 선거에 후보자를 공천하여 참여한다.
- 의회와 정부에서의 정치적인 흐름trends에 영향력을 행사하고, 국가적 정책 결정 과정에서 그들의 정의된 정치적 목적을 추구한다.
- 그리고 인민과 공공기관 간 지속적이고 핵심적 연계continuous and vital links를 확립한다.

여기에서 눈여겨볼 부분이 바로 '정치 교육'을 한다는 것이다. 독일에서는 실제로 정당이 정치 교육을 적극적으로 행하고 있다. 잘 알려진 프리드리히 에버트Friedrich Ebert, 콘라트 아데나워Konrad Adenauer, 프리드리히 나우만Friedrich Naumann 재단 모두 정당 연구소로, 정치 교육, 민주주의 교육을 담당하고 있다. 이들 재단은 우리나라에서도 민주주의나 시민 교육과 관련해서 많은 기여를 했다.

독일의 정당들은 개별 시민들이 정치 생활에 적극적으로 참여하도록 촉진 및 훈련하는 역할도 한다. 공공 책무를 담당하도록 훈련하는 것이다. 그리고 가장 중요한 정치적 리더를 육성함으로써 국가와 지속적이고 핵심적인 연계를 가능하도록 한다. 따라서 독일이나 영국 등 대부분 국가들에서 정치적 리더로 성장한 인물들을 보면 정당 활동을 처음 시작한 연령이 12~13세 정도로 매우 이른 것을 알 수 있다. 당원으로의 가입도 허용되어 있어, 보통 15세 전후로 많이 등록한다. 이러한 정당에서의 활동을 통해 2005년 독일 녹색당Green 당원 안나 뤼어만Anna Lührmann이 19세에 국회의원으로 당선되어, 전 세계 최연소 국회의원으로 이름을 올리기도 했다.

그 무렵 독일에 잠시 머물 일이 있어 녹색당 관계자에게 뤼어만 의원에 대해 물은 적이 있다. 뤼어만은 환경 문제에 관심이 많은 아버지와 함께 어렸을 때부터 환경 운동에 참여했고 15세에 녹색당에 가입하여 지역에서 활발한 활동을 해왔다. 뤼어만의 열성적인 활동 모습에 지역의 녹색당 당원들이 투표를 통해 의원 후보로 추천하게 되었고 선거에서 녹색당이 선전하면서 연방 의원으로 당선된 것이다.

이처럼 독일 등 서구 민주주의 국가에서는 어렸을 때부터 정치 참여가 허용되고 있고 정당은 정치에 대한 교육을 통해 차기 리더를 만들어내고 있다. 독일 정당법이 말하는 대로 정당이 "역량 있는 사람들이 공공 책무를 담당하도록 훈련"시키는 것이다.

이것이 바로 우리나라와 근본적으로 다른 점이다. 앞서 지적한 대로 우리나라 정당법은 위로부터의 통치에 보다 주목한다. 그러나 정당의 기능은 그 수준을 넘어 시민을 교육하고 미래 지도자를 육성해내는 것이다. 우리나라 정당법에도 명기하고 있는 정당이 "국민의 자발적 조직"으로 만들어질 수 있는 비결은 이처럼 정당 주도의 정치 교육과 활동에 있다.

결국 정당의 핵심 기능은 시민사회와 국가를 서로 연계해주는 데 있다. 우리 사회에서 거리 시위나 집회, 청와대 국민 청원 등 직접적인 시민 정치 참여가 활발히 이뤄지고 있는데, 자유로운 의사 표현, 매개체를 거치지 않는 직접적인 국가와 시민의 소통이라고 볼 수도 있지만 근본적으로는

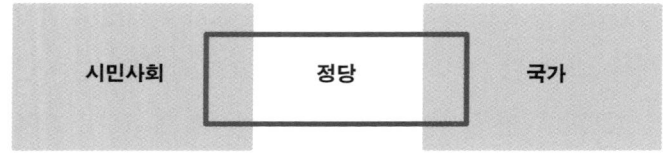

시민사회와 국가 간 정당의 연계 기능

정당정치가 제대로 연계 기능을 못하고 있기 때문에 나타나는 현상이다. 정당에 의존하기보다 바로 거리로 나가거나 청와대에 글을 올리는 것이 더 낫다고 생각하는 것이다.

실제로 오늘날 우리나라의 정당정치는 연계 기능의 약화로 위기에 처해 있다. 2008년 미국산 쇠고기 수입과 관련해 열린 촛불집회는 우리나라 정당정치의 현실을 보여주는 상징적인 사건이었다. 당시 시위대의 광화문 진입을 막기 위해 경찰은 컨테이너를 가져와 광화문 대로를 막았다. 소위 '명박산성'으로 불린 컨테이너는 북쪽의 청와대와 남쪽의 청계 광장을 가른 형태로 설치되었다. 컨테이너에 의해 거리가 막히고 광화문의 남쪽과 북쪽이 분리된 모습은 정당정치의 측면에서 볼 때 매우 상징적이었다.

컨테이너 방어막의 북쪽에는 경복궁이 있고, 정부 종합

2008년 촛불집회때 세워진 '명박산성'

청사, 그리고 청와대가 있다. 비유하자면 국가의 영역이다. 그 남쪽에는 청계 광장, 서울시청 앞 서울 광장, 그리고 덕수궁 앞 공간이 있다. 시민사회가 시위나 집회로 자주 활용하는 곳이다. 이 또한 비유하자면 시민사회의 영역이다. 국가의 영역과 시민사회의 영역이 매개체 없이 바로 맞부딪혔고 결국 컨테이너 박스에 의해 단절되었다.

본래 컨테이너가 있던 곳, 곧 국가와 시민사회가 접하는 곳은 정당이 있어야 할 자리로, 정당이 매개의 기능을 통해 문제를 풀었어야 했지만 아무런 역할을 하지 못했다.

2008년 촛불집회 당시 정당과 관련된 사람들은 시위대에 의해 배척당했다. 시민사회와 국가의 연계라는 점에서 2008년 촛불집회라는 정치적 현상은 곱씹어볼 부분이 있다.

서양사에서 시작된 정당의 기원

정당은 어떻게 생겨났을까? 프랑스 정치학자 모리스 뒤베르제Maurice Duverger는 정당의 탄생을 두 가지로 구별한다. 하나는 의회 내부에서 생성된 정당, 나머지 하나는 의회 외부에서 생성된 정당이다. 전자는 먼저 의회가 있고, 그 안에서 정당이 만들어진 후 대중 선거권이 확립되면서 지방 조직을 만들어 의회 내 정당 조직과 결합하면서 정당이 만들어진 경우이다. 후자는 대중 선거권이 먼저 확보된 후 이를 기반으로 노동조합이나 교회, 기업 등의 조직을 토대로 정당이 만들어진 형태다.

의회 내부에서 생성된 정당의 대표적인 예는 프랑스의 자코뱅Jacobins당이다. 1789년에 프랑스혁명 이후 국민의회에서 브르타뉴Bretagne 출신의 대표들이 베르사유의 카페 방을 빌려 회합한 데서 시작한다. 이들은 이후 의회가 파리로 이전하자 파리의 생 자크Saint-Jacques 거리의 한 수도원의 휴

게실 빌려 회합을 계속하며 하나의 정당을 형성한다. 그 수도원은 자코뱅 수도원이라고 불리던 곳이었다. 이처럼 의회에서 시작해 만들어진 정당은 대중 선거권을 바탕으로 각 지역의 시민사회와 연결되면서 오늘날과 같은 형태로 만들어진다.

영국의 토리^{Tory}와 휘그^{Whig} 또한 1688년 명예혁명 때 의회 내부에서 만들어진 정당이다. 영국은 찰스 1세^{Charles I}가 1649년 청교도혁명으로 목숨을 잃은 후 올리버 크롬웰^{Oliver Cromwell}의 지배하에 공화정치가 이어지다가 크롬웰이 죽은 후 찰스 1세의 장남 찰스 2세^{Charles II}가 즉위하면서 다시 왕정으로 되돌아간다. 이후 찰스 2세는 적자가 없어 동생인 제임스 2세^{James II}에게 왕위를 물려주는데, 문제는 제임스 2세가 가톨릭 신자였다는 데 있었다.

당시 영국은 헨리 8세^{Henry VIII} 때의 종교개혁에 따라 가톨릭이 금지되어 있었다. 이전까지 중세 로마는 가톨릭교회를 중심으로 정치 및 종교적인 권위 모두 로마의 교황에게 있었지만, 헨리 8세는 영국 국교회를 수립해 이를 부정하고 왕에 정치 외에 종교적으로도 최고의 권위를 부여한다. 이것이 바로 잉글랜드의 국교회인 성공회다. 따라서 헨리

8세 때 이후로 영국 내에서는 국교회를 따르는 것이 중요한 전통이 되었지만, 그럼에도 오랜 역사를 가지고 있었던 만큼 가톨릭의 영향력은 여전했다. 때문에 그들 사이의 정치적 갈등은 적지 않았다. 영국에서는 1673년에 국교도가 아닌 사람은 공직을 가질 수 없도록 규정한 심사법Test Act을 제정하기도 했다.

이러한 상황에서 가톨릭 신자인 제임스 2세의 즉위를 둘러싸고 국회에서는 의견이 양분되며 격렬한 논쟁을 벌이게 되는데, 이때 제임스의 즉위를 인정하는 측이 토리, 그렇지 않은 측이 휘그로 나뉘게 된다. 토리와 휘그는 처음에만 해도 오늘날의 정당 형태는 아니었고 즉위 문제와 관련해 의견을 달리하는 집단이었다. 이후 휘그는 자유당으로, 토리는 보수당으로 발전해간다. 의회는 가톨릭 신자에 대한 왕위배척법Exclusion Act을 통과시키려고 하지만 결국 실패하고 제임스 2세는 왕위에 오른다. 제임스 2세는 왕위에 오른 뒤 우려했던 대로 가톨릭을 옹호하면서 의회와 대립하는 등 전횡을 저지른다.

그러나 더욱 큰 문제는 제임스 2세 이후의 왕위 계승에 있었다. 제임스 2세의 왕위 계승을 인정했던 토리 또한 제임스 2세가 왕자를 낳게 되자 큰 위기감을 느끼게 되었다. 그러자 토리와 휘그는 단합하여 1688년 제임스 2세의 딸 메리Mary와 남편인 오렌지 공작William of Orange을 통해 제임스 2세를 내쫓고 권리 장전을 제정해 의회 주권에 기초를 둔 입헌 왕정을 수립했는데 이것이 명예혁명이자 정당이 만들어지게 된 첫 출발점이다.

반면 의회 외부에서 생성된 정당은 대중 선거권 이후 대중을 조직화해서 정치에 참여하는 형태로 만들어진 것으로, 대표적으로 영국 노동당이 여기에 속한다. 영국노동조합회의British Trades Union Congress라는 영국 노동조합 전국 단체를 모태로 하고 있다. 독일 중앙당Deutsche Zentrumspartei 또한 가톨릭교회 기반의 정당이며, 우리나라의 통일국민당은 현대그룹, 이탈리아의 포르차 이탈리아Forza Italia는 재벌 총수 실비오 베를루스코니Silvio Berlusconi에 의해 설립된 정당이다.

좌우로 나뉜
우리 정당의 역사

사회적 위기는 정당을 만들어낸다

우리나라와 서양은 선거권을 얻는 과정부터 그 역사를 달리했기에, 정당이 생성되는 과정 또한 다른 양상을 보일 수밖에 없다. 서양에서 오랜 기간 투쟁을 통해 대중 선거권을 쟁취했던 것과 달리, 우리나라는 1948년 제헌국회 선거에 이미 보통선거권이 주어지게 된다. 따라서 우리나라에서의 정당의 등장을 서양과 같이 대중 선거권과 연관 지어 설명할 수는 없다.

우리나라에서 정당의 등장은 해방 이후 국가 건설을 둘러싼 다양한 세력과 접근 방법의 차이, 그리고 그들 간의 갈등과 대립 속에서 이해할 수 있다. 그런 점에서 한국에서 정당의 출현은 라팔롬바라Joseph LaPalombara와 와이너Myron Weiner의 이론으로 설명하는 것이 더 적절해 보인다. 이들은 이른바 위기 이론을 제시한다. 어떤 위기가 생겼을 때 정당이 생겨난다는 것이다. 이들이 제시한 세 가지의 위기는 다음과 같다.

첫째, 정통성의 위기다. 기존의 권위 구조가 위기와 정치적 격변에 대응하지 못할 때, 그리고 정통성이 파괴되어 새로운 체제가 탄생할 때 새로운 형태의 정치 조직이 생겨난다는 것이다. 탈공산화 이후에 동구권에 새로 생긴 정당들과 같이 공산주의 체제가 정통성을 잃게 되었을 때 조직되는 것이다.

둘째, 참여의 위기다. 참여의 위기는 기존의 정당 체제가 새로운 세력의 참여를 수용하지 못할 때 일어나는 위기다. 식민지 지배하에 있던 국가가 독립을 통해 전 국민이 참여할 수 있는 환경으로 변화되었을 경우가 이에 속한다. 그러나 참여의 위기는 체제의 수용 정도에 따라 전혀 상이한 결과를 가져온다. 즉 사람들을 체제 안으로 끌어들이느냐, 못 끌어들이느냐에 따라서 그 체제가 경험하는 위기는 달라지는 것이다. 예컨대 영국에서는 변화의 요구를 계속해서 유연성 있게 수용해왔다. 이는 보수당도 마찬가지였다. 산업혁명 이후 노동자들의 정치 참여 요구가 높아지자 보수당 수상 벤저민 디즈레일리Benjamin Disraeli는 1867년 도시 노동자들에게 선거권을 주는 개혁을 단행했다. 이와 같은 참여의 요구를 정치권이 유연하게 수용하면서 영국은 정치적 격변을 거치지 않은 채 체제를 유지해올 수 있었다.

셋째, 통합의 위기다. 분열되어 있던 집단이나 지역이 상호 결합되는 과정이나 외세로부터 독립한 신생국, 분리주의 집단에서 정당이 출현한다. 캐나다처럼 프랑스어권인 퀘벡 지역의 정체성을 강조하거나 분리 독립을 주장하는 퀘벡 블록Bloc Quebecois과 같은 정당이 생겨나는 것이다.

이러한 설명에 의해 우리의 경우를 살펴보면, 우리나라에도 정통성, 참여, 통합과 관련한 위기가 1945년 해방과 함께 발생한다. 일본 식민 지배 체제가 해방과 함께 붕괴되면서 조선총독부라는 식민 통치 구조의 정통성과 권위 해체로 새로운 형태의 통치기구가 생겨나야 할 필요성이 제기되었다. 즉 정통성의 위기가 발생했다. 또한 한반도에 대한 미국과 소련의 분할 점령으로 단독정부와 통일 국가 수립과 관련한 문제도 제기되었다. 통합의 위기가 있었다. 뿐만 아니라 식민 봉건사회에서 정치적으로 목소리를 갖지 못했던 사람들에게 참정권이 주어지면서 이들의 참여와 통합, 근대 국가 건설이라는 문제도 제기되었다. 참여의 위기라고 할 수 있다.

해방 이후의 이러한 위기에 따라 우리나라에서는 수많은 정당이 말 그대로 우후죽순 격으로 등장하게 되었다. 1946년 2월 23일 미군정은 군정법령 제55호에 따라 정치 활동을 목표로 조직된 3인 이상의 단체는 군정청에 등록하도록 했는데 그 수는 무려 400여 개에 달했다. 물론 이 모두가 정당이라고 보기는 어려운 것이지만 그만큼 정치적 관심과 참여가 가히 폭발적이었다는 사실을 알 수 있다.

극우부터 극좌까지, 해방 후의 정당정치

1945년 해방과 함께 정치적 공간이 열리면서 다양한 정치 세력이 등장했다. 이들은 새로운 나라를 어떠한 모습으로, 어떠한 방식으로 세울 것인가를 두고 각기 상이한 노선을 취했다. 해방 공간 당시 우리나라 정당정치는 이념적으로 매우 폭넓은 스펙트럼을 보였다. 이념 지형의 맨 오른쪽에는 이승만, 김성수, 김구, 중도우파 안재홍, 중도파 김규식,

중도좌파 여운형, 그리고 맨 왼쪽의 박헌영 등 극우부터 극좌까지 상당히 다양한 정치적 지형이 형성된다.

해방 직후에는 이념적 갈등이 그렇게까지 크지 않았지만 1945년 12월 모스크바 3상회의에서 신탁통치 결정의 소식이 알려진 후, 우익과 좌익은 각각 신탁통치 찬성과 반대로 입장이 갈리면서 이후 좌우익 간의 이념 대립은 본격화되었다. 그 후 김규식, 여운형을 중심으로 좌우합작위원회 등 통합을 위한 노력도 있었지만 실패로 끝나고 말았다.

미소공동위원회의 결렬, 미소 간 냉전의 격화 등 국내외 상황의 변화 속에 남로당은 불법화되었고 단독정부 수립 여부를 두고 중도파와 김구 등 민족주의 우파가 1948년 총선거에 불참하면서 한국의 정당정치는 한민당 중심의 반공주의에 입각한 강경 우파를 중심으로 출발하게 된다. 그리고 이는 1950년 한국전쟁을 거치면서는 더욱 공고화되어 수십 년 동안 한국 정치에서 이어져온 보수 정당 지배 체제의 출발점이 된다.

해방 공간에서 활동한 주요 정당 중 해방 직후 제일 먼저 활동을 시작한 것은 공산당이었다. 8월 16일 서울 종로의 장안빌딩에서 이영, 정백, 이승엽 등이 1928년 해산된

조선공산당을 다시 결성했다. 이들은 그들이 결성 모임을 가진 장소의 이름을 따서 장안파 공산당으로 불린다. 그러나 박헌영은 이주하, 김삼룡, 이현상 등과 함께 8월 20일 조선공산당 재건준비위원회를 결성하고, 얼마 지나지 않아 장안파를 흡수하여 조선공산당을 실질적으로 이끌게 된다. 박헌영 그룹은 재건파 공산당으로 불린다.

1946년 11월에는 조선공산당, 남조선신민당, 조선인민당 등 좌익 정당이 합당하여 남로당을 결성했다. 남로당은 급진적인 활동을 전개하다가 1947년 8월 미군정에 의하여 불법화되면서 좌익 정당은 남한 정치에서의 합법적 공간에서 사라지게 되었다.

해방 직후 공산당계의 활발한 활동, 특히 건준을 공산계가 장악하고 인공을 선포하자 우파에서 이에 대한 대항으로 한민당이 창당되었다. 한민당은 오늘날까지 영향을 미치고 있는 반공주의에 입각한 강경 우파 정당으로, 조선공산당을 비롯한 좌파의 움직임이 활발해지자 이에 대한 위기감으로 1945년 9월 16일 창당된다. 한민당은 김병로, 김약수, 백관수 등의 조선민족당, 장덕수, 윤보선, 허정, 백남훈 등의 한국국민당, 원세훈의 고려민주당, 김성수, 송진우

등을 중심으로 임시정부를 지지했던 국민대회준비회 등이 통합한 형태였다. 초기에는 중도파, 민족주의 우파부터 친일파까지 다양한 정치적 색채를 띠었는데, 얼마 지나지 않아 중도파나 민족주의 우파가 탈당하여 이념적으로 매우 강한 우파적 속성을 보이게 되면서, 해방 공간에서 극우 세력을 대표했다.

미군정 초창기부터 한민당은 고문회의advisory council의 다수를 차지하고 1945년 10월에는 장택상이 수도경찰청장, 12월에는 조병옥이 경무부장으로 임명되는 등 미군정 시기에 사실상 여당의 역할을 했다. 한민당은 초기에 임시정부를 봉대했지만 이후에는 이승만의 단독정부를 지지했다. 그러나 이승만 대통령과의 정치적 갈등으로 이후에는 야당의 길로 돌아서게 된다.

한독당은 민족주의 우파 정당으로 원래 1930년 1월 25일 상해에서 결성되어 임시정부의 주도 세력으로 활동해왔다. 환국 후 김구, 조소앙 등이 이끌었던 한독당은 한민당과 함께 우파 진영의 주요 정치 세력으로 활동했으며, 1946년 4월 18일 조선국민당(국민당), 신한민족당과 합당하여 정치적 기반을 넓혔다. 그러나 남한 단독정부 수립에 반대하면서 1948년 총선거에 참여하지 않아 정치 세력으로서의 한독당은 제헌국회에는 존재하지 않았다. 1950년 총선거에는 다수 인사가 선거에 참여했지만 김구가 그 이전인 1949년 6월 암살되면서 정치 세력으로서의 결집력은 크게 약화되었다.

중도좌파로는 여운형의 조선인민당이 있었다. 건준이 공산계의 장악으로 인공으로 변모하자 1945년 11월 12일 여운형은 자신이 이끌던 건국동맹을 주축으로 여러 군소 정파들과 함께 조선인민당을 창당했다. 조선인민당은 온건좌파의 성격으로, 진보 인텔리, 도시 소시민, 중소 상공업자 등 중간층의 이해를 대변하는 개방적이고 대중적인 진보 정당을 건설하고자 했다. 조선인민당은 1946년 11월 남로당으로 합당되었으나 여운형은 좌파 세력을 중심으로 사회노동당을 조직했다. 그러나 3개월여 만에 해체되었고, 이후 1947년 5월 25일 근로인민당을 창당했지만 그해 7월 여운형이 암살당하면서 사실상 당세가 크게 약화되고 말았다. 중도좌파 세력은 이외에도 1947년 근로인민당과 함께 이른바 '5당 캄파'로 불린 민한당, 민중동맹, 사회민주당, 천도교청우당 등도 있었다.

중도우파 정당으로는 우선 1945년 9월 1일 안재홍이 조직한 국민당을 들 수 있다. 안재홍은 건준에 참여했으나 공산계가 장악하면서 이탈하여 국민당을 창당했다. 중도우파의 성격으로 임시정부를 지지하며, 초계급적 통합 민족국가 건설을 목표로 했다. 1946년 4월 한독당과 합당하게 된다.

중도파 정당으로는 홍명희를 대표로 하는 민주독립당도 있다. 이 정당은 1947년 10월 19일에 결성되었는데 안재홍, 김병로, 이극로, 김원용 등이 참여했다. 1947년 12월 20일에는 김규식을 위원장으로 하는 민족자주연맹이 결성되었다. 이는 정당이라기보다는 정치 연합체에 가까운 성격이었는데 김규식의 좌우합작위원회 계열 인사들과 홍명희의 민주독립당 계열 인사들이 주도했다. 민족자주연맹은 중도우파 정당들과 중도좌파 정당들이 모두 망라되었던 민족주의 색채가 강했던 단체였다. 이들은 단독정부 수립에 반대했기에 남북회담을 추진했으며 1948년 총선거에도 참여하지 않았다.

이외에도 수많은 정당들이 해방 공간에 존재했다. 여기에서 주목할 것은 좌파, 중도좌파, 중도우파, 우파 등 다양한 정치 세력이 존재했었다는 사실이다. 그러나 좌파는 불법화되었고 중도파들과 김구 등 민족주의 우파는 단독선거 반대로 제헌국회 선거에 참여하지 않으면서 한국의 정당정치는 우파 중심으로 시작하게 되었다.

1955년 민주당, 보수야당의 시작

해방 공간에서 대중적으로 인기가 없었던 한민당은 이승만에 협력하여 단독정부 수립을 이뤘고 제헌국회에서 이승만을 대통령으로 당선시키는 데 기여한다. 그러나 이승만은 대통령 당선 이후 한민당을 내쳤다. 이승만 정부의 초대 내각 인선에서 한민당은 소외되었고, 한민당이 반대해온 농지개혁도 조봉암을 농림부장관으로 임명하여 적극적으로 추진했다.

이에 1949년 2월 10일 한민당은 지청천의 대한국민당, 신익희 등과 힘을 합하여 민주국민당(민국당)을 창당했다. 한국민주당의 민주, 대한국민당의 국민을 따서 당명을 정했다. 민국당은 이승만 대통령 때문에 바뀐 정부 형태를 자신들의 원래 안인 내각책임제로 바꾸고자 1950년 1월 27일 내각책임제 개헌안을 국회에 발의하지만, 3월 14일

표결에서 부결되고 만다.

이후 1951년 12월 17일에 창당된 자유당은 앞서 언급했듯이 이승만 대통령의 대통령 직선제를 위한 여론 형성과 이를 통한 개헌을 위해 만들어진 정당이었다. 자신의 정치 기반을 위해 결성한 정당을 통해 이승만 대통령은 1952년 지방선거에서 다수의 의석을 확보하며, 발췌 개헌을 통해 대통령 직선제를 개헌하고 1952년 대통령 재임에 성공한다.

그 뒤 1954년 이승만 대통령이 다시 종신 집권을 위해 무리한 방식으로 사사오입 개헌을 통과시키는데, 이 사건에 대해 민국당과 무소속 의원들이 결집하여 호헌동지회를 구성했고 이를 토대로 민주당이 결성되었다. 민주당은 기존의 민국당에 자유당 탈당파, 그리고 무소속 인사들이 참여하여 1955년 9월 18일 창당된다. 이러한 결합은 이후 제2공화국에서 민주당 내 신구파 간의 대립의 기원이 된다. 한민당, 민국당 출신들은 구파가 되고, 민주당 창당 때 새로이 합류한 인사들이 신파를 형성하게 된다.

민주당은 이승만 정부의 야당으로 부상하기는 하지만, 그들을 묶었던 유일한 공통의 목표는 반이승만뿐이었다.

이승만 정권을 반대한다는 것 이외에 이들을 묶었던 고리는 없었다. 이러한 상황에서 4·19 혁명이 일어나자 민주당은 구파와 신파로 나뉘며 상당히 긴 시간 동안 갈등을 겪게 된다. 앞서 언급했듯이 제2공화국에서 신파가 장면을 총리로 배출하면서 집권하게 되자, 구파는 결국 분당하여 1960년 12월 14일 신민당이라는 별도의 정당을 창당한다.

이처럼 민주당은 신민당, 신한민주당 등으로 이어지는 보수 야당의 뿌리가 된다. 더불어민주당은 자신들의 기원을 1955년 민주당에서 찾고 있으며 2015년에는 60주년 행사를 갖기도 했다. 하지만 민주당은 한민당에 뿌리를 두고 있었던 만큼 매우 보수적인 정당이었다.

실제로 민주당이 결성될 때 조봉암은 자신도 합류하기를 원했지만 결국 거부당했다. 좌익 전향자는 신당 발기에 참여할 수 없다고 조직 요강을 정했기 때문이다. 이후 조봉암은 독자적으로 진보당을 창당하지만 1958년 진보당 사건으로 해산되고 만다. 제2공화국에서 신파 중심의 민주당과 구파가 탈당해 만든 신민당이라는 보수 양당 체제가 자리 잡을 수 있었지만, 5·16 군사 쿠데타의 발발로 이 또한 무산되고 만다.

공화당을 둘러싼 논란과 '김종필 플랜'

공화당은 우리나라 정당 조직에 상당히 큰 영향을 미친 정당으로, 앞서 설명했듯이 5·16 군사 쿠데타 이후 김종필의 주도 아래 2년 반의 군정 기간 중앙정보부에서 비밀리에 창당한 정당이다. 이는 군부의 장기 집권 계획의 일환으로 결성된 것으로, 군정 종식 후 민정으로의 이양 시 권력을 유지하기 위한 방편이었다. 대중정당적 구조를 갖춘 정당을 통해 선거에서의 승리와 이를 통한 정치적 안정과 정통성 확보를 도모하고자 한 것이다. 앞서 이야기했듯이 이때 창당 작업을 위해 조달한 불법 정치 자금은 증권 파동, 워커힐 사건, 새나라자동차 사건, '빠칭코' 사건이라는 4대 의혹으로 불거지며 커다란 파문을 몰고 왔다.

김종필은 당을 통한 통치를 염두에 두고 있었기에 앞서 언급한 대로 정당에 대한 법적 규제를 가한다. 정당법을 제정하고 정당 공천을 받지 않으면 무소속으로는 선거에 출마하지 못하게 한 것이다. 김종필은 공화당이 주도하고 야당이 보조적인 역할을 하는 일종의 '1.5당제' 정당 체제를 구상하고 있었다.

또한 신당 등록 요건을 강화해 중앙당과 3분의 1 이상의 지역구에 50명 이상의 당원을 확보해야 등록이 가능하도록 했으며, 지구당 제도를 도입했는데 이는 당원의 의견을 듣겠다고 하는 상향식 민주화보다 당 지도부의 뜻이 관철되도록 하는 하향식 통제를 염두에 둔 것이었다. 전문적인 지식이 있는 사람을 국회에 충원하기 위한 것이라는 명분을 내세우며 전국구 비례대표제를 도입했지만, 후일 김종필은 자신의 회고록에서 "이북 출신 혁명 동지들에게 자리를 마련"해주기 위해서라고 밝혔다.

한편 무소속 출마 금지와 함께 국회의원이 당적을 이탈 및 변경하거나 정당이 해산되었을 경우 자격을 상실하도록 했는데, 이는 당의 공천권을 장악한 사람에게 의원들이 철저히 복속될 수밖에 없음을 의미했다. 이승만 대통령이 개인적 카리스마에 의해 당을 통제했다면 제3공화국에서는 여기에 제도적인 속성까지 가미한 것이다.

이른바 '김종필 플랜'에서 공천권을 비롯한 중추적인 권한이 당 의장에게 부여되는데, 김종필은 그 역할을 자신이 맡고자 했다. 모든 조직이 그렇듯 정치 또한 인사와 재정에 관한 권력을 장악하면 그 조직 전체를 장악할 수 있기 때문이다.

초기에 공화당은 사무국이 우위에 있는 위계적 조직이었다. 국회 운영이나 국회의원 공천을 포함한 모든 당무와 당의 재정 관리를 하며, 이는 집권 초 당정 간에 강력한 연계가 되었다. 그리고 그 영향력은 이후 국회를 넘어 행정부까지 확대될 정도로 커진다.

또한 청와대 연석회의부터 당무위원-국무위원 연석회의, 경제정책회의, 정책협의회 등 각료와 당 간부 수준의 협의체 및 시군 당정협의회까지 긴밀한 당정 협조 체제를 구축한다. 비록 당시에는 당이 국회뿐만 아니라 정책에도 영향력을 행사하겠다는 뜻으로 김종필이 의도한 것이겠지만, 오늘날까지도 이어지고 있는 우리 정치의 중요한 관행이 되었다. 특히 청와대의 영향력이 지속적으로 강화되어 가고 있는 추세에서 당정협의회는 집권당이 국정 운영에 참여하고 목소리를 낼 수 있는 중요한 기회가 되고 있다.

한편 김종필의 구상은 이후 집권 세력 내에서 김종필에 대한 견제가 극심해져 원래 계획보다는 영향력이 축소되고, 이마저도 3선 개헌 이후에는 박정희 대통령이 직접 당을 장악하기 시작하면서 당의 자율성이 사라지게 된다.

위기와 통합의 한국 정치사

이합집산의 반복, 정당의 흐름

1963년부터 정치 활동이 재개되면서 야당들도 움직이기 시작했다. 1963년 6월 28일 윤보선을 주축으로 민정당이 발족되고, 1963년 12월 18일 신파 중심의 민주당, 김재춘, 송요찬의 자유민주당, 허정의 국민의당 등이 세 당에 공통으로 들어있는 글자인 '민'을 따서 교섭단체 삼민회를 결성하는 등 군사정권에 대립하는 야당 진영이 모양을 갖추기 시작했다. 이후 1964년 9월 17일 국민의당과 민주당이 합당하고, 같은 해 11월 26일 자유민주당과 민정당이 합당하면서 야권은 민주당, 민정당 두 야당 체제로 바뀐다. 이후 1964년 정부가 한일 국교 정상화를 비밀리에 추진해 조속

타결하려는 것에 대한 반발로 6월 3일, 이른바 6·3 사태가 일어나는데, 이에 자극을 받아 1965년 6월 14일에 민정당과 민주당은 합당해 민중당으로 단일화된다.

그러나 윤보선이 민중당 초대 대표최고위원 선거에서 민주당 출신의 박순천에 패배하고 한일 협정 비준안과 월남 파병 반대 투쟁에 관해 당론이 분열되면서 윤보선을 비롯한 탈당파는 1966년 3월 30일 신한당을 창당한다. 그러나 1967년 대통령 선거를 앞두고 야당의 분열을 피해야 한다는 압력 속에 2월 7일 민중당과 신한당은 다시 합당해 신민당을 창당하고 대통령 후보로 윤보선, 대표위원으로 유진오를 지명한다. 이후 1979년까지 정당정치는 공화당과 신민당의 양당 체제로 이어지게 된다.

1979년 10·26 사태 후 권력을 장악한 신군부는 12·12 군사 반란, 1980년 5·17 비상계엄 확대 조치를 통해 권력을 장악한다. 그리고 신군부의 입법기관인 국가보위입법회의에서 정치풍토쇄신특별조치법을 제정해 대부분의 정치인들의 활동을 금지시켰다. 이와 함께 신군부의 정치 참여와 통치를 위해 정당을 만들었다. 5·16 군사 쿠데타 이후 군부가 공화당이라는 여당을 만들었다면, 신군부는 여당뿐만 아니라 야당도 만들었다. 여당인 민주정의당의 창당 작업은 보안사령부에서 맡아 했고, 야당을 만드는 작업은 중앙정보부가 담당했다. 박정희 정권 때처럼 신민당이라는 단일 야당으로 반대 세력에 집중하지 않도록 야당은 두 개를 만들었다.

이때 과거 신민당 계열의 의원들은 1981년 1월 1일 민한당을, 공화당과 유정회 출신의 의원들은 1981년 1월 23일 국민당을 창당하는데, 이들은 '민정당의 제2중대, 3중대'로 불리며 야당의 역할을 제대로 하지 못했다.

앞서 설명했듯이 이때의 선거제도는 유신 체제와 같은 1구 2인 선출 방식을 채택했다. 여당과 야당이 동반 당선될 가능성이 높은 제도였는데, 야당은 두 개를 만들었기 때문에 야당의 의석은 나눠질 수밖에 없었다. 이밖에 여당의 안정 의석 확보를 위해 전국구 의석 배분 방식을 제1당에게 매우 유리하게 만들어놓았다. 이외에도 신군부는 사회당, 민주사회당, 민정당, 민권당 등 다른 이념의 색채를 지닌 정당도 창당하도록 했는데 사실상 구색을 맞추기 위한 것 이상의 의미는 없었다.

신군부가 이렇게 짜놓은 정당정치는 앞서 살펴본 대로

1985년 총선거를 통해 급격히 변화하게 된다. 총선을 한 달도 채 남기지 않고 만들어진 신한민주당은 1985년 총선거를 통해 대도시 지역에서 완승을 이루며 제1야당으로 부상했다. 그리고 4월 3~4일 민한당 30명, 국민당 3명, 신민주당, 신정사회당 각 1명, 무소속 1명 의원이 기존 정당에서 탈당 후 입당하면서 신한민주당은 전체 의석의 3분의 1이 넘는 103석을 차지한다. 이로써 신군부가 짜놓은 관제 야당 체제는 붕괴되고, 민주정의당과 신한민주당의 양당적인 형태로 다시 바뀌게 된다.

그러나 신한민주당의 총재 이민우가 직선제 개헌 운동이 벌어지고 있던 1986년 12월 24일 민주화 7항을 요구하며 이를 수용할 경우 내각제 수용 가능성이 있다는 것을 시사한다. 직선제 개헌을 향한 전선에 균열이 생긴 것이다. 이에 사실상 신한민주당의 핵심 세력이었던 김영삼과 김대중은 신한민주당을 탈당한다. 이후 김영삼을 총재로 하고, 김대중을 고문으로 한 통일민주당이 1987년 5월 1일 창당된다.

이후 6·29 선언으로 민주화가 이뤄지고 난 후 통일민주당은 분열된다. 김대중은 후보 단일화를 거부하고 1987년 제13대 대통령 후보로 출마하기 위해 탈당해 같은 해 11월 12일 '평화민주당(평민당)'을 창당한다. 또한 김종필은 같은 해 10월 30일 공화당 계열의 정치인들 중 정치 활동을 오랫동안 규제받았던 정치인들을 포함해 신민주공화당을 창당하고 제13대 대통령 후보로 출마한다.

권위주의 시대의 정당정치에서 집권당은 국가가 권력을 장악한 후 국가 주도로 위로부터 창당되며, 정치 권력의 정통성을 사후에 인정받기 위한 도구적 성격을 띤다. 이때 정당은 정치적 지지 동원의 도구로, 창당 목적 자체가 독재자 개인의 권력을 유지 및 강화하기 위한 것이었다. 그런 만큼 자생력이 부재하고 제도화 또한 결여되어 있기에, 권력자의 운명에 따라 권력 몰락 후에 함께 소멸하는 모습을 보였다.

이때의 야당은 정권의 반대 세력을 동원해 권위주의 통치자에 대항하는 역할을 했다. 그러나 정책적 대안을 제시하는 것으로는 의미가 없었으며 정치적 투쟁을 위해서는 '비의회적' 방법을 통해 저항해야만 했다. 국회의사당을 점거하거나 국회 등원을 거부하거나, 국회 밖에서의 시위나 집회, 심지어 단식 등이 야당이 권위주의 체제의 여당에 대해 저항할 수 있는 수단이었다.

당시의 정당정치는 사르토리Giovanni Sartori가 말하는 패권정당 체제hegemonic party system였다. 경쟁은 공정하거나 자유롭지 않았으며 여당은 언제나 승리했고 야당은 사실상 현 체제 안에서 선거를 통한 집권은 불가능했다. 야당의 이러한 투쟁은 권위주의 체제하에서의 여당의 날치기, 일방적 운영, 편법과 불법에 맞서기 위해 불가피한 것으로 받아들여졌다. 그러나 이러한 '비의회적' 관행은 민주화 이후 정치적 경쟁의 공정성이 확립된 오늘날까지도 여전히 이어지고 있다.

지역주의 정당정치의 등장

민주화 이후 치러진 1987년 대통령 선거에서는 지역주의 정당정치가 출연한다. 지역주의 정치에는 분명 역사적 이유가 있는데, 먼저 박정희 시대의 경제 성장은 수출 지향 정책에 기반했다. 따라서 우선적으로 공업화가 이뤄진 것은 수출과 관련된 인프라가 갖춰졌거나 지리적으로 유리한 곳이었다. 이 때문에 인천 등 수도권과 함께 부산, 마산, 창원, 울산, 포항, 대구, 구미 등에 공업단지가 들어서게 되고 이 지역에는 근대화, 도시화가 진행된다. 이에 비해 호

후보 \ 지역	전국	강세 지역 1	강세 지역 2
노태우	36.6	69.8(대구)	64.8(경북)
김영삼	28.0	55(부산)	50.1(경남)
김대중	27.0	93.8(광주)	87.9(전남)
김종필	8.1	43.8(충남)	13.5(충북)

제13대 대통령 선거 득표율과 지역주의의 대두

남 지역은 이러한 혜택에서 벗어나 있으면서 상대적으로 불리한 여건에 놓이게 되었다. 지역주의 정치의 한 요인은 이러한 경제개발 시대에서 찾을 수 있다.

그러나 민주화 직후 가히 '폭발적'이라고 할 만큼 거세게 터져 나온 지역주의의 원인은 1980년 광주 민주화 운동과 관련이 깊다. 신군부에 의해 가혹한 억압을 받은 광주 시민, 그리고 호남 유권자들에게 당시 그것과 관련하여 사형을 선고받고 고통을 겪은 김대중은 지역 주민이 갖고 있는 아픔의 상징이 되었다. 이후 민주화와 함께 정치적 공간이 열리고 김대중이 대통령으로 출마하면서 호남 유권자들이 정치적으로 결집하게 된 것이다.

이러한 호남의 지역주의에 다른 지역 역시 유사한 형태

로 반응하면서 지역주의 정당정치가 부상하게 되었다. 이러한 역사적 요인 이외에도 1987년 대통령 선거에 나선 후보자들이 은밀히 지역감정을 의도적으로 부추긴 측면도 있다.

민주화 이후 상당한 기간 동안 지역주의가 선거를 말 그대로 '지배'해왔다. 사실 당시 정당들은 모두 보수 정당으로, 이념 및 정책적 차별성 없이 지역의 이익을 대표하는 모습만 띨 뿐이었다. 그러나 앞서 설명한 대로 이러한 지역주의에 단순 다수제 선거제도가 결합하면서 새로운 정당의 진입은 쉽지 않았다. 지역주의 정당들만이 존재하는 폐쇄된 정당 체제였다. 곧 지역주의 정당들끼리 권력을 독점하는 카르텔cartel 정당 체제였다.

3당 합당이 몰고 온 민주화의 바람

그런데 1988년 민주화 이후 첫 국회의원 선거에서 형성된 여소야대의 4당 국회는 1990년 3당 합당으로 큰 변화를 겪는다. 1990년 1월 22일 노태우 대통령의 민주정의당과 김종필의 신민주공화당, 김영삼의 통일민주당의 3당 합당으로 '민주자유당(민자당)'이 만들어지고, 이로부터 오늘날까지 이어지는 한나라당 계열과 민주당 계열 두 개의 거대 정당을 중심으로 한 양당제가 출발한다.

당시 노태우 대통령, 김종필, 김영삼이 3당 합당에 합의할 수 있었던 데는 나름의 이유가 있었다. 노태우 대통령은 1988년 4월 26일 제13대 국회의원 선거로 여소야대의 상황에서 야 3당의 공조에 끌려가는 형국이었다. 여당이 반대한 법안을 야 3당의 공조로 통과시켰고 심지어 대법원장 임명 동의안이 국회에서 부결되는 등 야 3당이 정국의 주도권을 쥐고 있었다. 따라서 노태우 대통령은 정계 개편을 통해 국회에서의 다수 의석 확보가 절실했다.

한편 김영삼은 차기 대권과 관련하여 3당 합당이 필요했다. 현재의 4당 구도가 유지된다면 5년 후의 대통령 선거에서도 김대중과 경쟁해야 하고 그렇게 된다면 민주정의당 후보가 또다시 당선될 가능성이 높았다. 4당 구도라면 1987년 선거에서 일어난 일이 5년 뒤에도 똑같이 일어날 것이었다. 따라서 김영삼으로서는 민정당과의 합당을 통해 이러한 구도를 깨뜨릴 필요가 있었다. 다만 합당 후에 자신이 대통령 후보가 되는 것은 보장이 없었기 때문에 이는 쟁취해야 할 일이었다. 합당 후 김영삼이 "호랑이를 잡으려면 호랑이 굴에 들어가야 한다"고 한 말은 이러한 의미를 담고 있었다.

제4당으로서 정치적 영향력에 한계가 있었던 김종필 역시 3당 합당이 나쁘지 않았다. 당시 밀실에서의 합의에 의해 이뤄진 3당 합당은 여론의 큰 비난을 받았다. 그러나 몇 가지 변화를 가져왔다. 우선 구권위주의 세력이 민주화 이후의 상황에 적응하는 계기를 마련했다. 사실 노태우 대통령은 전두환 대통령과 여러모로 자신을 차별화하고 싶어 했다. 노태우 대통령에게는 민주화 이후 적법한 선거를 통해 당선된 대통령이라는 자부심이 있었다.

그러나 전두환 대통령은 노태우 대통령의 당선을 사실상 군부의 재집권으로 보았다. 여소야대로 정치적으로 몰리는 동안에는 이렇게 차별화하기 어려웠다. 그러나 3당 합당으로 안정적 권력의 기반이 마련된 만큼 노태우는 전두환으로 대표되는 구권위주의 체제와 결별할 수 있었다.

3당 합당은 그 때문에 홀로 야당으로 남게 된 평민당에게도 변화를 주었다. 지역주의 구도에서 3당 합당은 호남 대 비호남 구도를 만들어낸 셈이 되었다. 그러나 평민당이 지역당으로 남게 된다면 지역을 넘어 지지세를 확장시킬 수 있는 가능성은 사라진다. 이 때문에 김대중 총재는 재야 인사 등을 충원함으로써 당에 진보적인 색채를 입히려고 노력했다. 즉 진보성을 가미해 비호남 지역에 있는 지지층을 포섭하기 위해, 이우정, 신계륜 등의 재야인사를 영입하고 신민주연합당으로 당명을 변경한다.

그리고 1991년 6월 20일 지방선거 후에는 이기택, 노무현, 김정길, 장석화 등의 민주당과 합당해 2000년 1월 20일에 이르러 통합민주당으로 최종적인 완성을 이룬다. 본격적인 진보 세력의 출현은 2002년 이후에 이뤄지지만 '보수 대통합'을 주창한 3당 합당에 대해 민주당의 진보성이 가해지면서 한국 정당정치에서 정책적 차이나 이념적 차별성이 나타날 수 있는 토대가 마련된다.

정치 개혁은
정당에서부터 시작된다

한국 정당의 지형도

앞서 살펴본 내용을 바탕으로 우리나라 정당의 계보를 그려볼 수 있다. 자유당은 이승만 정권의 몰락과 함께 소멸되었으며, 공화당은 박정희 정권의 몰락과 함께 한국국민당으로 잠깐 이어지다가 사라진다. 여운형의 근로인민당과 조봉암의 진보당도 모두 사라졌다.

노태우 대통령, 김종필, 김영삼의 3당 합당으로 민주정의당과 신민주공화당, 통일민주당은 민자당으로 합쳐진다. 민자당은 이후 자민련이나 친박연대 등의 변화의 움직임이 있었으나 자유한국당까지 그 계보가 계속해서 이어지고 있다. 새누리당에서 갈라진 자유한국당과 바른미래

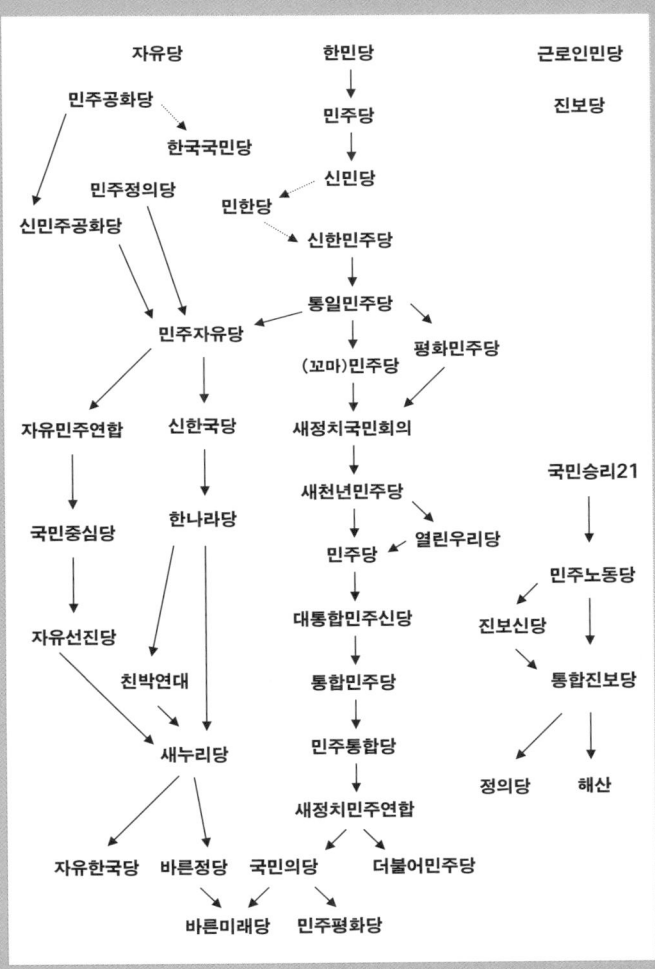

우리나라 정당의 계보

당이 이후 어떻게 바뀔지는 조금 더 지켜볼 필요가 있다.

한편 한민당에서 시작된 계보는 민주당으로, 이는 다시 민주당의 신파와 우파의 싸움으로 신민당으로 분리되었다가 민한당에서 다시 신한민주당으로 합쳐진다. 그리고 김영삼, 김대중은 신한민주당에서 탈당해 통일민주당을 만들고, 다시 김대중은 평민당을 창당한다.

이후 3당 합당에 대한 반발로 노무현을 비롯한 몇몇이 모여 민주당을 만들고, 이는 평민당과 합쳐서 새정치국민회의가 만들어진다. 새정치국민회의 이후로는 이름만 바뀔 뿐 그 계보가 계속 이어져오고 있다. 새천년민주당 또한 열린우리당에서 다시 민주당으로 왔고 이후 대통합민주신당, 통합민주당, 민주통합당, 새정치민주연합, 더불어민주당까지 이어진다.

진보 정당인 국민승리21은 민주노동당으로 이어지나, 여기에서 민중 민주 성향을 가진 노회찬, 심상정 등의 의원들이 탈당하며 진보신당을 창당한다. 그러나 이후 다시 통합진보당의 출범으로 합쳐져 오늘날 정의당으로 이어지고 있다. 사실상 3당 합당 이후에는 대체로 큰 흐름에서의 변화는 없다고 볼 수 있다.

한국적 맥락의 보수와 진보

오늘날의 이념적인 형태의 정당 구도와 관련해 가장 중요한 정당은 열린우리당이다. 이때부터 한국 정치에서 보수 일변도라는 이야기는 사라지고 이념적 차별성에 기초한 정당정치가 본격적으로 등장했기 때문이다. 물론 유럽에서와 같은 이념적 차별성은 아니지만, 적어도 한국적 맥락에서의 보수와 진보가 등장하게 된 것이다.

2002년 대통령 선거를 앞두고 노무현은 국민 참여 경선이라는 새로운 후보 선정 방식에 의해 새천년민주당의 후보가 되었다. 그러나 그 후 노무현의 지지도가 떨어지자 당내 일부 의원들은 후보단일화추진협의회를 구성하여 후보직을 정몽준에게 양보하고 사퇴하라고 요구했다. 대통령 당선 후에도 대북 송금 특검과 관련하여 노무현 대통령이 특검법에 대해 거부권을 행사하지 않으면서 새천년민주당 내 친親 김대중계 의원들의 반발을 불러왔다. 이러한 상황에서 노무현 대통령은 2003년 9월 새천년민주당에서 탈당했다.

이후 천정배, 신기남, 정동영 의원 등 친노 신당파 주도로 이부영, 김부겸, 김영춘 등 한나라당에서 탈당한 의원 5명과 유시민, 김원웅 등 개혁국민정당 의원 47명은 2003년 11월 11일 정치 개혁을 표명하며 열린우리당을 창당하고, 새천년민주당과 갈라선다. 그러던 가운데 2004년 3월 12일에 노무현 대통령의 정치적 중립 위반 문제로 새천년민주당, 한나라당, 자민련이 탄핵소추안을 통과시키는 일이 발생한다. 현역 의원이 47명인 열린우리당으로서는 탄핵을 막을 수가 없는 상황이었다.

그러나 탄핵은 엄청난 역풍을 몰고 왔다. 탄핵 이전 노무현 대통령에 대한 지지도는 20퍼센트 수준이었지만, 탄핵에 대해서는 80퍼센트 이상이 반대의 뜻을 표했다.

이러한 와중에 4월 15일 제17대 국회의원 선거가 실시되었다. 선거의 쟁점은 단연 탄핵이었다. 탄핵 역풍 속에서 열린우리당은 152석을 획득해 제1당으로 부상한다. 이들 중 108명이 초선 의원으로 새로운 인물들이 정치권에 대거 진입했다. 이 가운데는 학생운동, 사회운동 출신자가 50~60명, '전국대학생대표자협의회(전대협)' 간부 출신도 12명에 이르렀다. 이로써 세력으로서의 진보 정치가 제도권 안에 들어오게 된다. 그 이후 열린우리당이 주도한 국가보안법, 사립학교법, 언론관계법, 과거사법 등 이른바 4대

개혁 법안은 이념적으로 큰 갈등을 빚기도 했다.

이후 열린우리당은 각종 재보궐 선거에서 잇달아 패배하고 노무현 대통령이나 열린우리당에 대한 지지율도 크게 낮아지며 어려움을 겪는다. 결국 2007년 2월 28일 노무현 대통령은 열린우리당을 탈당하고 2007년 8월 열린우리당은 해산 후 대통합민주신당과 합당한다. 그러나 이때 정치권에 들어온 새로운 정치 세력은 열린우리당이 사라진 뒤에도 오늘날까지 정치권 내에서 영향력을 행사하고 있다. 이때부터 민주당의 이념적 성격은 변모하며 우리나라의 정당정치는 이념적인 지형으로 재편된다.

이념이 한국 정치에서 중요한 요인이 된 것은 2002년 노무현의 등장, 그리고 특히 2004년 열린우리당의 성공과 관련이 깊다. 노무현이 대통령으로 당선되었더라도 열린우리당을 통해 '세력'을 만들어내지 못했다면 진보 정치인 노무현의 등장은 그저 일회성으로 그치고 말았을 것이다.

갈등의 축적과 정치적 양극화

이제 오늘날의 우리 정당정치의 문제에 대해 생각해보자. 과거에는 김영삼, 김대중, 김종필과 같은 지역주의를 부추긴 정치 지도자들이 사라지게 되면 지역주의 정치가 없어질 것으로 보았다. 그러나 이들이 사라진 후에도 지역주의 정당 구도는 그대로 살아남았다. 흥미로운 점은 지역 간 격차가 옛날 같지 않다는 것이다.

과거 영남이 경제개발 시대에 상대적으로 혜택을 보았고 호남이 불이익을 당했다면, 오늘날에는 영남이나 호남 모두 경제적으로 어렵다. 이제 지역 간 격차의 문제는 영남 대 호남이 아니라, 서울과 지방, 조금 확대하면 수도권과 지방 사이에 나타나고 있다.

그러나 상황이 이런데도 지역주의 정치는 사라지지 않고 있는데, 이렇게 된 까닭은 3당 합당 이후 이어져온 양당적 대립이 그러한 갈등과 균열을 활용하고 있기 때문이다. 뿐만 아니라 새로운 갈등과 균열을 양당적 대립 속에 축적해가고 있다. 우리 사회가 정치적으로 양극화되고 대립이 격화되고 있는 것도 이 때문이다.

예를 하나 들어보자. 어떤 나라가 북부, 남부 두 지역으로 구성되어 있는데 북부는 진보적인 성향을 가진 가톨릭의 가난한 흑인들로만 구성되어 있고, 남부는 보수적인 성향을 가진 프로테스탄트의 부유한 백인들만 살고 있다고 가정해보자. 이러한 상황에서 우연히 인종 갈등이 발생했다면 어떻게 될까?

인종 갈등은 곧바로 이념 갈등으로, 다시 이념 갈등은 종교와 지역 갈등으로 확산될 것이다. 여러 가지의 잠재적 갈등이 두 지역으로 완벽하게 나눠져 있기 때문이다. 이때에는 작은 갈등도 사회 전체로 확산되고 양극적 대립과 갈등을 초래한다. 그러나 북부 지역에 보수적인 사람도 있고, 백인도 있고 프로테스탄트도 살고 있고 남부 지역 역시 마찬가지로 섞여 있다면 하나의 갈등이 다른 갈등으로까지 확산되지는 않을 것이다.

그러나 민주화 이후 우리나라 정당정치의 변화를 보면 처음에는 지역주의 균열에 기초해 있다가, 2002년 이후 여기에 이념 대립을 얹고, 여기에 다시 세대 갈등을 얹은 뒤 지금은 계층 갈등까지 얹으려고 하고 있다. 이처럼 두 거대 정당은 갈등을 축적해가면서 이를 양극화하는 데 주도적인 위치에 있다.

이처럼 둘 가운데 하나를 선택하도록 강요하는 상황에서는 양극적 대립이 격화될 수밖에 없고, 하나의 갈등은 또 다른 갈등으로 비화되고 심지어 정치와 전혀 관련이 없는 일도 이념적, 정파적 대립으로 이어진다. 대표적인 것이 2014년 발생한 세월호 사건이다. 세월호 사건은 해상에서 발생한 대형 사고였지만 이 사건을 두고 보수와 진보 단체 간의 갈등과 대립이 나타났다.

이처럼 사회를 두 개의 정파로 나누고 이슈가 생길 때마다 어느 한쪽에 줄 서도록 강요하는 상황에서는 갈등과 대립을 피할 길이 없다. 제3의, 제4의 대안이 될 수 있는 다당적 구도의 확립이 필요한 이유다.

정당의 약화와 포퓰리즘 정치
2002년 이후 우리나라는 열린우리당 주도로 '정치 개혁'을 추진했다. 정당 민주화를 위해 당정을 분리한다거나, 중앙당을 축소하고 지구당을 폐지하는 등 이른바 미국식 원내 정당을 꾀한 것이다. 사실상 이를 주도한 사람들은 정당을 당원보다는 국회의원들의 집합체로 만들고자 했는데, 오늘날 각 당의 모습은 그 구상과 실제로 크게 다르지 않게 되었다. 이를 위해 의원 총회를 활성화하고, 당 공천 과정에 당원, 대의원을 넘어 일반 국민을 참여시키고 원내 대표와 당 대표를 분리해 의원들이 직접 선출하게 하는 등의 변화를 이뤘다.

그러나 이러한 '정치 개혁'의 기저에는 반정치反政治의 정서가 깔려 있다. 당원이나 지지자의 참여를 모두 금품이나 인맥으로 '동원'된 것으로 보아 정당 중심 활동을 억제하려는 것이다. 자연히 정치인과 유권자의 접촉은 약화될 수밖에 없다. 정당이나 합동 연설회도 폐지되어 과거에는 유세장에서 사자후를 토하는 후보자를 볼 수 있었지만 이제는 대중매체나 인터넷을 통해 간접적으로 접할 수밖에 없다.

때문에 국회의원이 정당의 중심이 되는 만큼 조직으로서의 정당은 약화될 수밖에 없다. 의원의 자율성을 높이고자 정당의 리더십 약화도 모색했다. 앞서 말한 원내 대표와 당 대표의 분리나 의원 총회의 활성화 역시 같은 취지에서 도입된 것이다. 제도의 도입에 앞장선 열린우리당의 당 의장은 평균 재임 기간이 4개월 반 정도였다. 정치 조직으로서의 정당이 뚜렷한 방향을 갖고 나가기 어려울 수밖에 없다.

그러다 보니 장기적인 관점에서 정당정치를 이끌어나갈 리더십은 만들어지지 않는 것이고, 각 의원들은 당보다 내가 잘되는 것이 더 중요한 각자도생各自圖生의 정치를 하게 된다. 쉽게 비유하자면 의원들 모두 편의점을 하나씩 가지고 있는 것인데, 이들에게 본사의 이익은 어떻게 되든 상관없다. 내 가게만 잘 된다면 아무것도 문제될 것이 없다는 식이다.

이러한 정치적 리더십의 부재는 공동의 정치적 합의나 타결에도 어려움을 줄 수밖에 없다. 3김 시대는 제왕적 당총재라는 비판도 받았지만, 집권을 위한 장기적인 관점에서 타협과 양보를 통해 정치를 이끌어왔다. 또한 새로운 인물도 충원하고 국민의 요구에 따라 과감한 개혁도 행했다.

그러나 의원들의 눈치를 봐야 하는 리더들 간에는 양보와 타협이 이뤄지기 어렵다. 여야 대표들이 합의한 내용이라도 의원 총회에서 뒤집히는 일이 종종 일어나는 것이다. 이러한 상황에서는 정당정치가 제 기능을 하기 어렵다. 안정적인 리더십의 확립은 기업 등 일반 조직에서도 대단히 중요한 조건이다. 하물며 정당에는 더 말할 나위가 없다.

정당의 약화, 리더십의 약화와 함께 최근 들어 나타나는 현상은 정치적 국외자가 정당을 우회하여 정치 지도자로 부상한다는 것이다. 정당이 리더를 제대로 만들어내지도 못하고, 그러한 약한 리더십하에서 정당들 간 타협과 합의도 도출해내지 못하면서 기존 정치에 대한 불만과 불신은 높아지게 되었다.

이러한 환경에서 정치적 경험이 일천하거나 아예 없는 사람이 대중매체의 출현이나 다른 비정치적 활동을 통해 인기를 높이고 그러한 인기가 여론조사에 반영되면서 일약 유력한 정치 지도자군으로 떠오르는 일이 일어나고 있다. 정치를 꼭 정치인들만 해야 한다는 법은 없지만, 문제는 이들의 정치력이나 정책 능력, 리더십에 대한 검증이 이뤄지기 어렵다는 것이다. 정치 지도자에게 요구되는 그러한 능력이나 덕성에 대해서는 한번도 본 적이 없는 상태에서 그 사람의 '이미지'에 의해 어느 날 갑자기 유력한 리더로 떠오르는 것은 위험한 일이다.

사실 정치라는 업※은 매우 전문 역량을 필요로 한다. 정치는 매우 전문화된 형태의 직업으로 많은 경험을 쌓고 소통과 공감의 역량도 갖춰야 한다. 또한 정치에서 타협이나 협상을 통해 문제를 해결하려는 자세는 필수적인 요건이며 반대 의견을 경청하면서도 그들을 설득할 수 있는 리더십도 갖춰야 한다.

이처럼 전문적인 역량을 가져야 하는 정치에서 경험이 없다는 것이 오히려 참신함으로 평가받는 것은 옳지 않다.

정치적 혐오나 불신에 기반하여 기존의 정당이나 정치인들은 모두 나쁘고 거기에 참여하지 않았던 이들은 선하다는 단순한 이분법적 사고는 오히려 무책임하고 나쁜 정치를 불러올 수 있다는 점에서 위험하다.

더욱이 인터넷이나 사회적 관계망SNS이 정치적 소통에 중요해진 시대에, 증오와 불신을 부추기는 자극적인 말이나 영상으로 세간의 이목을 끌려고 하는 움직임도 나타나고 있다. 이처럼 정당정치의 약화는 이제 우리 정치를 포퓰리즘에 취약하게 만들고 있다. 이러한 위험에서 벗어나기 위해 지금부터라도 정당정치가 정치인들을 검증하고 차기 지도자로 성장시키는 공간으로 기능해야 한다.

정당이 약화되었을 때의 또 다른 현상은 바로 촛불집회와 같은 직접민주주의로의 움직임이다. 물론 평화적인 촛불집회는 우리 시민의 성숙한 민주의식을 보여주는 것이기는 하지만, 정치적 이슈가 생길 때 시민들이 직접 거리로 나가는 일은 반드시 긍정적이라고만 보기는 어렵다. 그보다는 대의민주주의가 제 역할을 함으로써 정당을 통해 제도권 내에서 차분하고 합리적인 토론과 논의로 해결하는 것이 보다 바람직하다.

'좋은 정치'를 위한 정당의 개혁과 변화

2008년 미국산 쇠고기 수입과 관련해 열린 촛불집회는 건강과 안전이라는 이슈를 중심으로 한 집회라는 점에서 이전의 정치적 집회와는 구분되는 특성을 보였다. 많은 세월이 흐른 오늘날 돌이켜 생각해보면 당시 광우병에 대한 공포는 분명히 과장되었다. 지금은 모든 사람이 공포감 없이 미국산 쇠고기를 먹는다. 하지만 그 때문에 이명박 정권의 국정은 초기 100일 동안 마비되었다. 정권 초기의 가장 중요한 100일을 허비한 것이다. 당시의 정부가 제대로 된 대응을 하지 못한 것은 맞지만, 사실상 당시에 퍼졌던 정보 중 상당수는 사실이 아니었다. 이러한 집회가 정당이 주도한 정치적 집회였다면 그 정당은 이에 대한 정치적 책임을 져야 했을 것이다. 그러나 시민의 자발성에 기초한 집회는 그것이 잘못된 것이었다고 해도 책임을 묻기가 어렵다.

시민사회에서 나온 자발적인 형태의 저항을 책임자를 통해서 묻는다고 해서 정치적인 책임성은 구현되지 않는다. 시민의 정치 참여는 매우 중요하고 의미 있는 일이지만, 대의민주주의를 통한 제도적 논의와 문제 해결이 보다 중요한 것이다. 사실상 정치적 책임성이나 반응성은 정당

정치 이외에서는 찾아보기 어렵다.

따라서 좋은 정치가 이뤄지기 위해서는 정당정치가 제 역할을 할 수 있어야 한다. 그러나 정당을 제도적으로 규제하거나 약화시키는 등의 방법은 정당정치의 개혁을 위한 좋은 해결책이 아니다. 진정한 정치 개혁, 정당 개혁은 정당을 약화시키는 것이 아니라 스스로 변화할 수 있는 환경을 만들어 올바른 역할을 할 수 있도록 이끌어주는 것이다. 결국 정당 스스로 변화에 대한 필요성을 자각해야 변화가 일어날 수 있다.

정치적 경쟁도 시장에서의 경쟁과 마찬가지다. 삼성전자가 수많은 비용과 인력을 통해 휴대전화의 성능과 디자인을 발전시키려고 하는 것은 왜일까? 소비자의 마음을 끌지 못하면 언제라도 경쟁자에게 시장을 빼앗기기 때문일 것이다. 시장 경쟁에서는 소비자의 요구에 민감하게 대응하지 못하면 아무리 잘 나가던 기업이라도 다른 경쟁자에게 밀려 도태될 수 있다. 끊임없이 기업이 내부적으로 기술적, 조직적으로 혁신을 해야 하는 것은 바로 이 때문이다. 정치적 경쟁도 마찬가지가 되어야 한다.

어떤 정당이 아무리 오랜 기간 동안 주도적 위치에 있

었더라도 시대적 변화에 제대로 따라가지 못하고 유권자의 요구에 대응하지 못한다면 도태될 수 있어야 한다. 이러한 경쟁적 환경이 조성되어야 스스로 혁신하지 않는, 유권자의 요구에 귀 기울이지 않는 정당들은 정치적으로 도태된다. 그러나 지금의 거대 양당처럼 정치적으로 아무리 욕을 먹는다고 해도 선거 때마다 거의 100석 가까이 보장되는 상황에서는 내부 혁신이나 변화의 필요성을 별로 느끼지 않게 된다. 독과점적 상황에서는 정당정치가 바뀌지 않는 것이다.

따라서 정당정치의 경쟁성, 책임성, 반응성을 강화시켜 새로운 변화의 동력이 정치권 내에서 나올 수 있도록 하는 제도적 개선이 필요하다. 그러한 의미에서 최근 논의되고 있는 선거법 개정 논의도 같은 차원에서 관심을 가질 필요가 있다. 양당적 구도에서 다당적 구도로의 전환을 통해 폐쇄적이고 독점적인 정당 체제에서 벗어나 정치적 경쟁성을 회복하는 것이야말로 우리가 조금 더 나은 정치를 기대할 수 있는 방법이다.

Q 묻고
A 답하기

우리나라에서 정당에 대한 부정적 인식이 강한 이유를 역사에서 찾아볼 수 있는가?

오랜 권위주의 시대, 특히 박정희 정권을 거치며 사람들의 인식 속에서 정치는 분란을 일으키고 사회적 갈등을 조장하는 반면, 행정은 효율적이고 합리적이라는 고정관념이 강하게 뿌리내렸다. 박정희도, 전두환도 모두 기존 정치의 무능과 부패를 강조하면서 군부 쿠데타를 정당화했다. 그리고 이들은 총화단결總和團結을 강조했다. 전체가 화합하고 단결해야지 다른 생각이나 주장을 해서는 안 된다는 것이다. 여기에서 단결은 박정희나 전두환을 중심으로 해야 한다는 것이고, 다른 생각은 자신들의 통치에 저항하는 것이다.

앞서 이야기한 대로, 정당정치는 근대 민주주의로 넘어오면서 다양성, 다원주의를 받아들이며 발전해왔다. 그러나 우리나라의 오랜 권위주의의 역사 속에서 이러한 다양성, 다원주의는 용납되지 않았다. 이 같은 상황에서 정당은 당연히 분파적이고 국론 분열을 일으키는 것이라고 비판받아 온 것이다. 이러한 역사적 기억이 민주화가 이뤄지고 난 이후에도 이어지고 있는 듯하다.

정당이 시민사회와 직접 소통할 수 있는 제도적 방법이 있는가?

현재 우리나라의 정당은 선거를 제외하고 국민들과 직접적으로 만날 기회가 거의 없다. 물론 거의 모든 정당은 홈페이지 등 인터넷을 통해 시민의 목소리를 들을 수단을 마련해놓고 있다. 그러나 대다수 국민들에게는 실제 삶 속에서 자연스럽게 접할 정당이 없는 것이다.

독일, 영국 등 서구 민주주의 국가에서처럼 어렸을 때부터 자연스럽게 정치 활동을 하고 정당의 당원이 되어 정책적 목표를 실현하기에 우리나라의 정치적 환경은 문화적으로도, 제도적으로도 어려운 것이 사실이다. 이 때문에 정당이 정치 교육을 시행하고 이로부터 정치적 리더를 양성하는 것은 시민사회와의 소통을 위해 무엇보다 좋은 방법이다.

이 때문에 중고등학생 때부터 정치에 관심을 갖는 것은 나쁠 이유가 없다. 아마 인터넷에서의 글쓰기나 댓글, SNS에서의 의사 표현 등을 통해 정치에 큰 관심을 갖고 정치적 의사 표현을 하는 중고등학생도 많을 것이다. 그렇다면 이들도 정치 활동을 하고 있는 것이다. 청년 캠프나 중고등학생 캠프, 워크숍, 토론대회 등 다양한 방식으로 이들과 소통하고 정치 교육을 실시할 필요가 있다. 또한 선거권 연령도 다른 OECD 국가처럼 18세로 낮춰야 한다. 우리를 제외한 모든 35개 OECD 국가의 선거 연령은 18세거나 더 낮다. 오스트리아는 16세, 그리스는 17세다.

마지막으로 지구당 부활에 대해서도 논의할 필요가 있다. 지구당은 정당이 지역 수준에서 유권자들, 시민사회와 접할 수 있는 공간이지만 2004년 정당법 개정으로 폐지되었다. 현직 의원과의 형평성 등 다른 문제도 많은 만큼 지구당 부활도 필요해 보인다.

4부

민주화, 일상에서 '촛불'을 만나다

민주주의는 더 이상 이념으로 존재하지 않는다. 피와 땀으로 얼룩진 민주화 운동의 성취로 우리의 일상 속에 살아 숨 쉬고 있다. 이제 보다 나은 민주주의를 위해 시민사회의 역할을 찾을 때다.

분노와 혁명으로
세운 민주화

민주주의, 강대국을 만드는 힘

두 장의 사진이 있다. 모두 같은 공간, 즉 서울시청 앞 광장이다. 하나는 1987년 민주화 운동이 절정에 달했던 때의, 1987년 7월 연세대학교 학생 이한열 군의 노제 때의 모습이다. 다른 하나는 오늘날 서울시청 앞의 모습이다. 항상 평화롭고 조용한 것은 아니지만 그래도 이제 서울시청은 더 이상 억압적인 권위주의 체제에 대한 격렬한 저항과 투쟁의 공간은 아니다. 이 두 장의 사진은 30여 년의 세월 사이에 한국 정치가 얼마나 많은 변화를 겪었는지를 잘 보여주고 있다.

최근 외국에 나가면 한국 음악이나 영화, 드라마를 만나

투쟁의 공간에서 민주화를 상징하는 장소로 변한 서울시청

는 것이 그리 어렵지 않게 되었다. 한류 열풍은 아시아를 넘어 중동, 유럽, 남미, 북미 등 전 세계로 뻗어가고 있다. 한류 덕분에 우리나라에 대한 외국 사람들의 관심도 높아졌고 우리말이나 문화를 배우려는 이들도 많아졌다.

문화적인 부분 외에 경제적으로도 상당히 성장했다. 휴대전화, 자동차, TV나 냉장고 등 각종 가전제품, 대형 선박뿐만 아니라 화장품이나 과자, 라면까지 다양한 제품이 외국 소비자들에게 사랑을 받고 있다. 명실공히 한국은 세계 10위권 안에 드는 무역 대국이 되었다. 스포츠에서도 우리 선수들은 훌륭한 경기력을 보이고 있다. 축구, 야구, 골프, 빙상 등 다양한 종목에서 세계적 수준의 실력으로 나라를 빛내고 있다. 또한 우리는 국제기구를 이끄는 중요한 인물도 배출해, 반기문은 10년 동안 유엔의 사무총장으로 재임하면서 세계 평화를 위해 많은 노력을 했다.

그런데 중요한 것은 이 모든 것들이 민주주의의 발전 없이는 생각할 수 없다는 데 있다. 예컨대 반기문 사무총장의 경우를 생각해보자. 인권, 자유, 법의 지배 등은 국제사회에서 매우 중요하게 생각하는 규범이다. 그런데 유엔 사무총장을 맡을 사람이 아무리 뛰어난 외교관이라고 해도 그가 속한 국가가 인권을 탄압하고 자유가 억압되는 곳이라면 그 자리를 맡기란 쉽지 않을 것이다. 반기문 사무총장 임명은 우리나라가 국제사회에서 강조하는 보편적인 규범을 준수하고 있다는 것과 무관할 수 없다.

한류의 발전도 마찬가지다. 외국에서 한국 민주주의에 대해서 강의를 하다 보면 한류와 관련된 질문을 받기도 한다. 문화적인 측면에 대해서는 잘 모르지만, 표현의 자유에 대한 중요성을 언급하자면, 자유가 보장되지 않는 곳에서 문화는 결코 발전하지 않는다. 문화적 표현이 통제되고 있는 나라에서 문화가 융성하기는 어렵다는 말이다. 미국이 세계 최강자의 자리를 오랫동안 유지할 수 있었던 힘 또한 여기에 있다. 우리는 흔히 경제력과 군사력만 있으면 세계 최강국이 될 수 있다고 생각하지만, 그보다 중요한 것은 상상력과 가치에 기반을 둔 문화에 있고 이는 정치적인 자유를 통해 실현될 수 있다.

자유민주주의는 미국을 세계적인 지도국으로 만드는 매우 중요한 규범적 자산이다. 이처럼 한국의 민주화, 그리고 민주적 공고화는 정치 영역뿐만 아니라 사회의 구석구석에 의미심장한 변화를 이끌어왔다. 여기에서는 민주화 이후 한국 민주주의의 공고화 과정에 대해서 살펴보고 오늘 우리가 보다 나은 민주주의, 보다 심화된 민주주의로 나아가기 위한 방안에 대해 생각해보기로 한다.

민주주의 제3의 물결

우리나라 민주화의 역사도 30년 이상의 세월이 흘렀다. 흥미로운 사실은 우리나라가 민주화될 무렵 전 세계 수십 개의 국가가 비슷한 시기에 함께 민주화를 이뤘다는 것이다. 몇몇 국가를 대표적으로 살펴보면 먼저 1970년대 중반에 민주화를 이룬 남유럽의 세 나라, 포르투갈, 그리스, 스페인이 있다. 1974년 포르투갈, 1975년 그리스는 혁명 등을 계기로 군사정권이 무너지면서 민주화를 이룬다. 스페인의 민주화도 독재자 프랑코Francisco Franco 총통의 죽음으로 1976년에 이뤄진다.

이후 민주화의 바람은 1983년 아르헨티나를 거쳐 칠레, 브라질, 우루과이를 비롯한 라틴아메리카로 넘어갔다가 아시아로 불어온다. 아시아에서는 필리핀에서 1986년 마르코스Ferdinand Marcos가 21년간의 장기 집권에서 쫓겨나며 가장 먼저 민주화가 이뤄진다. 한국이 1987년 민주화를 이뤘고, 대만도 1987년 40년간 이어졌던 계엄령이 해제되며 민주화를 이뤘다. 인도네시아에서도 수하르토Haji Mohammad Soeharto의 31년간 독재 정권이 1998년 반독재 시위에 의해 막을 내린다.

민주화의 바람은 다시 소련과 동유럽으로 불어 소련의 지배하에 있던 폴란드, 헝가리를 비롯해 벨벳혁명을 이룬 체코 등 동유럽의 국가들이 1989년 민주화를 이룬다. 이후 1990년 독일이 통일되고, 1994년에는 남아프리카공화국에서 극단적인 인종 차별 정책 아파르트헤이트Apartheid가 무너지며 만델라Nelson Mandela 주도의 민주화를 이룬다.

이처럼 흥미롭게도 당시 민주화는 전 세계적인 흐름이었다. 이러한 현상을 두고 헌팅턴Samuel Huntington은 민주화 제3의 물결The third wave of democratization이라고 불렀다. 제1의 물결은 19세기 초부터 제1차 세계대전 때까지 참정권이 확대되며 권력이나 부와 무관하게 정치적 표현의 권리를 갖게 되었던 시기를 의미한다. 제2의 물결은 제2차 세계대전 후 파시스트 체제와 제국주의가 붕괴되면서 과거 식민지 국가들이 독립국가를 이루며 민주주의를 채택함으로써 식민지 주민들이 정치적 권리를 갖게 되었던 것을 의미한다.

이제 민주화의 제3의 물결이 지나간 지 30년 이상의 세월이 흘렀다. 그렇다면 제3의 물결을 통해 민주화를 이룬 수십 개의 국가들은 그 사이에 민주주의 공고화democratic consolidation를 성공적으로 이뤘을까? 권위주의에서 민주주의로의 체제 전이transition만큼 중요한 것이 바로 안정적인 형태로 민주주의가 자리 잡는 것이기 때문이다.

이를 평가하기 위해서는 몇 가지 조건이 필요하다. 먼저 민주주의 체제를 전복하려는 반체제 정당의 설립이나 쿠데타, 대규모 폭력 사태나 폭동 등의 시도가 없어야 한다. 또한 선거는 주기적으로 실시되어야 하고 공정하고 자유롭게 치러져야 하며, 패자는 선거 결과에 승복해야 한다. 뿐만 아니라 법에 의한 지배를 통해 자유와 인권이 보호받아야 한다.

그런데 민주화를 이뤘다고 해도 이러한 조건들을 만족하는 국가가 생각보다 그렇게 많지 않다. 즉 민주화를 이뤘어도 모든 나라가 민주주의의 공고화를 이뤄낸 것은 아니며 오히려 아닌 경우가 더 많다. 예컨대 태국, 터키, 필리핀, 헝가리를 보면 민주주의가 위기에 처해 있음을 알 수 있다.

태국은 민주화 이후인 2006년과 2014년에 두 번의 쿠데타가 일어났을 정도로 여전히 군부의 영향력이 강하게 자리 잡고 있다. 쿠데타를 통해 정권을 장악한 만큼 현재 총리 쁘라윳 짠오차Prayuth Chanocha는 군인 출신으로, 최근 개정한 헌법으로 군부의 승인 없이 헌법을 바꾸거나 권력을 확보하기조차 어렵게 만들어놓았다.

터키 대통령 에르도안Recep Tayyip Erdogan은 2017년 헌법을 새로 개정해 2033년까지 장기 집권의 기반을 마련해놓았다. 필리핀 대통령 두테르테Rodrigo Duterte는 마약과 관련해 즉결 심판을 진행하는 등 민주화의 기본 요소인 법의 지배를 흔들고 있다. 헝가리에서는 오르반Viktor Orban 총리 치하에서 시민의 권리가 제약을 받고 언론은 탄압을 받는 등 민주주의가 급속히 후퇴하고 있다.

아시아에서 가장 민주적인 국가

그렇다면 우리나라는 어떨까? 적지 않은 국민들이 한국 민주주의에 대해 불만을 갖거나 민주주의의 위기와 관련해 불안감을 갖고 있지만, 민주주의 제3의 물결을 탄 다른 국가들과 비교해본다면 우리나라는 흔치 않은 성공 사례에 속한다. 영국의 시사 주간지《이코노미스트》의 부설 기관인 인텔리전스 유닛Intelligence Unit은 매년 전 세계 167개국을 대상으로 '민주주의의 지수democracy index'를 발표하는데, 이를 통해 우리나라 민주주의의 위상에 대해 살펴볼 수 있다.

평가는 총 다섯 개의 카테고리로 나눠 이뤄진다. 다원주의 등 선거의 공정성, 효과적인 정부의 기능, 자유로운 정치 참여, 민주적인 정치 문화, 시민적 자유의 보장이 그것이다. 다섯 개 카테고리를 측정한 점수의 평균이 8.0을 초과하면 완전한 민주주의full democracy, 8.0 이하면 결점 있는 민주주의flawed democracy며, 그 아래로 민주주의와 권위주의 혼합 체제hybrid regime, 독재 체제authoritarian 순이다.

2012년 조사에서는 167개 국가 중에서 25개 나라가 완전한 민주주의 국가군에 포함되었는데 당시 우리나라는 20위를 차지했다. 동북아뿐만 아니라 동남아, 서남아, 중앙아시아를 포함하는 광의의 아시아 지역 국가 중에서 완전한 민주주의로 평가받은 국가는 우리나라와 일본뿐이며, 우리나라는 일본이나 심지어 미국보다 그 순위가 높았다. 당시 우리나라는 아시아에서 가장 민주적인 국가로 평가받았던 것이다.

그러나 이후 우리나라는 2015~2016년 평가에서는 결점 있는 민주주의로 하락하는데, 2015년에는 7.97, 그리고

2016년에는 7.92로까지 떨어진다. 결점 있는 민주주의군으로 하락한 것은 2008년 이후 처음 받은 평가였다.

2017년과 2018년 평가에서는 8.0으로 여전히 결점 있는 민주주의군에 속하지만 상황이 다소 개선되고 있음을 나타냈다. 완전한 민주주의군에 속하는 국가들 가운데 우리와 같은 '신생 민주주의 국가'는 우루과이뿐이다. 일본은 우리나라 다음의 22위를 차지했다. 중국은 평균 3.32로 권위주의 국가군에서 속하며 167개국 중 130위를 차지했다. 여기에서 수년째 167위를 차지하는 국가는 변함없이 북한이다. 북한은 평균 1.08로 꼴찌인데 선거 절차와 다원성, 시민적 자유에서는 0점을 받았다. 북한보다 순위가 하나 위인 166위는 독재자 알아사드 Bashar al-Assad가 지배하는 시리아였다.

한국 민주주의에 대해 많은 사람들이 걱정하고 있고 일상적으로 접하는 정치 현실에 대한 불만도 크지만, 국제적으로 비교해봤을 때 우리나라 민주주의에 대한 평가는 우리가 생각하는 것보다 훨씬 높다. 민주주의 상황에 대한 우려, 현실 정치에 대한 불만은 우리나라에만 적용되는 것은 아니라는 것이다. 이러한 비교는 우리보다 나을 것이라고 생각하는 국가들에서도 우리보다 더한 문제를 가지고 있을 수 있다는 사실을 알게 해준다. 2018년 조사를 보면 프랑스나 이탈리아가 7.80, 7.71로 우리보다 낮은 29위, 33위를 차지했다. 어쩌면 한류 열풍으로 우리나라의 대중문화가 전 세계에서 사랑받고, 많은 외국인 관광객들이 한국에 관심을 갖고 찾아오는 것도 이와 같은 민주주의의 진전과도 관련이 있을 것이다.

어느 나라나 정치는 나름대로의 문제점들을 가지고 있고, 국민들은 불만을 품게 마련이다. 일상적으로 접하는 정치는 짜증스러울 때가 많고 또 우리가 해결해내지 못한 여러 가지 정치적 문제점도 많지만 '제도로서의 민주주의'는 나름대로 작동하고 있다고 할 수 있다. 적어도 민주화 제3의 물결을 탄 신생 민주주의 국가 중에서는 비교적 우등생이 되었다고 평가할 수 있다.

4·19 혁명, 자유민주주의로의 도약

앞서 대통령제, 선거, 정당의 역사를 살펴보며 우리나라의 민주화 과정을 간략히 짚어봤다. 그렇다면 이를 본격적으로 이야기하기에 앞서 우리나라의 정체성에 대해 먼저 생각해보자. 대한민국은 어떤 나라로 만들어졌을까?

일본에 나라를 잃고 식민지가 되면서 새로운 국가 건설에 대한 우리의 열망은 더욱 커졌다. 더욱이 3·1 만세운동 이후에는 독립운동이 본격화되면서 독립 이후의 국가 건설에 대한 꿈을 키워나갔다. 앞서 지적한 대로, 새로운 국가는 군주국이 아닌 국민이 주인이 되는 공화국이어야 했다. 그러나 많은 노력과 준비에도 불구하고 우리나라는 제 손으로 독립을 쟁취하지 못했다. 임시정부는 미군과 함께 서울 진공 작전을 준비했지만 예상보다 빨리 전쟁이 종식되면서 무산되고 말았다.

결국 한반도는 미국과 소련에 의해 해방되었고, 그런 만큼 미국과 소련의 이해관계, 냉전 등 국제 정치적인 영향을 받을 수밖에 없었다. 또한 우리나라 안에서도 체제를 둘러싼 다양한 생각이 피어나고 있었고 이념적 대립도 컸던 만큼, 결국 남과 북은 분단되고 말았다.

그런데 이러한 과정을 통해 만들어진 대한민국은 두 가지 중요한 가치를 정체성으로 갖게 되었다. 하나는 공산주의에 반대하는 반공 국가, 또 하나는 자유민주주의 국가다. 그런데 이 두 가지 가치는 그 자체로 절대 모순될 수 없다.

반공의 목적이 바로 자유민주주의 가치를 수호하기 위한 것이기 때문이다. 다시 말해 왜 공산주의에 반대하느냐 하면 자유민주주의의 가치를 지켜야 하기 때문이다. 이때 목적은 자유민주주의가 되고, 수단은 반공이 되는 것이다.

그런데 실제로 이후에 전개됐던 한국 정치는 반공을 목적으로 삼아 자유민주주의의 가치를 훼손하는 형태로 나타났다. 목적과 수단이 전도된 것이다. 1948년부터 민주화가 성취된 1987년까지의 한국 정치는 반공이라는 이름으로 독재 권력과 권위주의 체제가 정당화되었으며, 인권과 자유, 법의 지배, 견제받는 권력 등과 같은 자유민주주의의 핵심적 가치들이 반공이라는 명분하에 무시되었다. 우리나라 민주화의 역사는 이처럼 왜곡된 자유민주주의의 가치를 회복하고자 하는 저항의 역사였다.

1987년 이전까지의 한국 정치는 참으로 파란만장했다. 1961년 박정희, 1980년 전두환에 의해 두 번의 쿠데타가 발생했으며, 1954년 사사오입 개헌, 1972년 유신 헌법을 통해 두 번의 종신 집권 또한 계획됐다. 국회 강제 해산도 세 번에 걸쳐 일어났는데, 박정희에 의해 1961년과 1972년에 각각, 그리고 전두환에 의해 1980년에 자행되었다. 헌법 역시 총 9번에 걸쳐 개정되었다. 1952년 발췌 개헌, 1954년 사사오입 개헌, 1960년 의원내각제 개헌과 부정선거 관련자 소급 처벌 개헌, 1962년 제3공화국 헌법, 1969년 3선 개헌, 1972년 유신 헌법, 1980년 제5공화국 헌법, 1987년 현행 헌법이 그것이다.

특히 1960년의 4차 개헌은 4·19 혁명 이후 과거사 처리를 둘러싸고 벌어진 것으로, 3·15 부정선거 관련자, 부정 축재자들을 소급 처벌할 수 있도록 개정되었다. 권력 구조 개편과 관련되지 않은 개헌으로서는 이것이 유일하다. 이 외 개헌은 민주적으로 권력 구조의 개편이 이뤄진 1960년과 1987년 두 차례를 제외하고는 모두 권위주의 통치자의 권력 강화와 장기 집권을 위해 진행되었다.

이처럼 우리나라 개헌의 역사는 대부분 자유민주주의의 본질적 가치나 질서를 훼손하는 방향으로 진행되었다. 그렇지만 권위주의 통치자에 대한 국민의 저항은 민주화 때까지 계속되었다. 심지어 유신 체제나 전두환 체제 같은 무시무시한 상황 속에서도 민주주의를 향한 국민의 저항은 끊이지 않았다. 어디서 그 원인을 찾아야 할까?

그런 점에서 4·19 혁명의 의미에 주목할 필요가 있다.

잘 아는 대로 4·19 혁명은 1960년에 발발한다. 1945년 해방을 기점으로 보면 15년 후의 일이고, 1948년 대한민국 정부 수립을 기준으로 보면 불과 12년 후의 일이다. 그런데 1945년이나 1948년에 과연 한국 사람들 중 얼마나 많은 이들이 자유민주주의를 알았을까? 지식인들이나 정치 지도자들이야 알 수 있었겠지만 이제 막 식민 지배에서 벗어났고 여전히 봉건적 문화가 지배적인 당시에 대다수 국민들에게 자유민주주의는 낯선 제도였을 것이다. 그렇다면 해방 이후 10여 년이 지난 4월 혁명 때 사람들은 어떻게 자유민주주의에 대해 말할 수 있었을까?

미국은 소련과의 이념, 체제 경쟁 속에서 자유민주주의를 알리는 데 많은 노력을 기울였다. 미군정은 당시 초등학교부터 고등학교에 이르기까지 자유민주주의 교육에 상당히 심혈을 기울였는데, 이때 공민public이라는 개념을 가르치기 시작한다. 서울대학교를 비롯한 여러 대학에도 정치학과가 해방 직후부터 설립되었다. 서울대학교의 경우 1946년 문리과대학에 정치학과가 설립되었다. 이러한 교육 기관을 통해 많은 학생들이 자유민주주의의 개념에 접하게 되었다. 4·19 혁명이 학생들을 중심으로, 대학교수,

언론인, 지식인 들이 중심이 되었던 민주화 운동이었던 것도 이와 관련이 있다.

시민들이 4·19 혁명을 통해 정의롭지 못한 권력에 대해 저항할 수 있었던 것은 바로 교육의 힘 덕분이었다. 교과서에서 배운 자유민주주의가 현실 정치에서 실현되지 않는 현실에 시민들은 분노했고, 부정한 권력에 대해 저항했다. 4·19 혁명의 성공은 이후 중요한 정치적 유산으로 뿌리내리게 되었다. 4·19 혁명은 기본적으로 도시 중심의 사건이었지만, 이승만 대통령이 하야하게 되면서 이제는 시골을 포함한 전국의 모든 사람들이 '나라님'이라도 법을 지키지 않고 국민의 기본권을 침해하면 저항해야 하는 것이고 물러나게 할 수도 있다는 것을 깨닫게 된다. 서구의 낯선 자유민주주의 개념이 4·19 혁명을 거치면서 우리 안에 점차 내재화되기 시작한 것이다.

헌법 첫 문장에 3·1 운동과 더불어 4·19 혁명의 이념을 계승한다는 표현이 포함되어 있는 것도 4·19 혁명이 지닌 역사적 중요성을 증명해준다. 이후 유신 정권이나 전두환 정권의 억압하에서도 국민들이 끊임없이 저항할 수 있었던 원동력을 바로 4·19 혁명에서 찾을 수 있다.

"봄은 왔지만 봄 같지 않았다"

유신 체제의 종말과 이후의 문제들

4·19 혁명 이후로도 민주화는 오랫동안 실현되지 못한다. 제2공화국은 안정을 찾지 못했고 군부 쿠데타로 허무하게 무너져내렸다. 이후 군부의 지배가 오랫동안 이어졌다. 이어지는 정치사에 대해서는 앞서 다뤘기 때문에 여기에서는 1980년대 민주화 과정을 유신 말기부터 시작해서 살펴보기로 한다.

결코 무너지지 않을 것 같던 유신 체제의 종말은 결국 민심의 이반에서부터 시작되었다. 그리고 그것은 지배층 내부의 분열로 이어졌다. 유신 체제 몰락의 출발점은 앞서 언급했듯이 1978년 총선거였다. 야당인 신민당이 득표율에서 공화당을 앞서면서 많은 사람들이 정치적 변화의 가능성을 감지하게 되었다.

다시 간단히 언급하자면, 이듬해 신민당 전당대회에서 선명 야당을 내세웠던 김영삼은 유신 체제에 협력해온 이철승을 누르고 총재로 당선되었다. 같은 해 8월 YH 사건, 《뉴욕타임즈》와의 인터뷰를 빌미로 한 김영삼의 의원직 제명은 결국 그의 정치적 지지 기반이었던 부산, 마산에서의 저항으로 이어져 결국 부마민주항쟁이 촉발되기에 이르렀다.

그리고 부마민주항쟁은 정권 내부의 균열을 일으키는 계기로 작용했다. 당시 경호실장 차지철은 중앙정보부장 김재규와 대립하고 있었다. 김영삼의 총재직 당선, 부마민주항쟁의 책임을 둘러싸고 질책의 대상이 된 김재규가 박정희 대통령과 차지철을 살해하면서 유신 정권은 막을 내렸다. 이후 국무총리 최규하는 대통령 권한대행으로 비상계엄령을 선포했고, 같은 해 12월 6일 통일주체국민회의에서 대통령으로 선출되었다.

그러나 문제는 그다음이었다. 유신 정권은 무너졌으나 그 이후의 대안 세력이 없었다. 유신 정권을 무너뜨린 후 새로운 질서를 수립할 주체 세력이 없었던 것이다. 4·19

혁명 때도 학생들이 항거의 주축이 되었기 때문에 그 이후의 새로운 질서 수립의 주체가 될 수 없었다. 10·26 사태로 독재 정권은 무너졌지만 민주주의는 바로 뒤따라오는 것이 아니었다. 정치적으로 봄이 왔다고들 하지만 봄 같지 않은 봄이었다.

쿠데타로 정권을 손에 쥐다

이후 유신 정권이 몰락한 상황에서 갑자기 떠오른 인물은 전두환이었다. 10·26 사태 당시 전두환은 보안사령관으로서 대통령 시해 사건에 대한 수사를 한다는 명목으로 합동수사본부를 만들어 보안사령부, 검찰, 경찰, 중앙정보부 등 모든 공안 권력을 장악했다. 합동수사본부는 전두환 권력 찬탈의 근거지였으며 정권을 장악할 때까지 존속시켰다.

이와 함께 전두환이 이끄는 신군부는 군권을 장악하고자 했다. 10·26 사태와 관련된 책임을 묻는다는 명목하에 전두환은 계엄사령관이었던 정승화를 본격적으로 견제하기 시작하는데, 이는 군권을 장악하기 위한 군부 내의 권력 투쟁이었다. 당시 전두환 등 육사 11기는 4년간의 정규 육사 교육을 받은 첫 기수로서 자부심이 있었던 만큼, 전쟁

기간에 단기 교육을 받았던 앞선 기수의 장교들을 무시하는 경향이 있었다.

전두환은 정승화 계엄사령관을 체포 및 연행하고자 최규하 대통령의 재가를 대기하고 있었다. 당시 합동수사본부는 계엄사령부 산하였으므로 직속 상관인 계엄사령관을 대통령과 국방부장관의 재가 없이 체포 및 연행할 수 없었기 때문이다. 그러나 재가가 계속 미뤄지자 최규하 대통령의 결재 이전 총격전까지 벌이면서 계엄사령관을 연행했다. 대통령의 재가를 받기 전에 이미 사실상의 반란을 일으켰던 것이다. 정승화 계엄사령관 연행 다음 날 국무회의에서 군 인사가 단행되었고 신군부는 이제 군의 요직을 독차지하게 되었다. 12·12 군사 반란과 함께 전두환과 신군부는 군권을 장악하게 된 것이다.

김재규의 후임으로 중앙정보부장을 맡았던 이희성이 12·12 군사 반란 이후 육군참모총장 겸 계엄사령관으로 옮기면서 전두환은 공석이 된 중앙정보부장의 자리까지 차지한다. 합동수사본부장과 달리 중앙정보부장은 국무회의 등에도 참석할 수 있었으며 특히 수많은 예산의 집행이 자유로웠다. 그리고 무엇보다 합동수사본부장보다 상급직이었던 중앙정보부장에 다른 사람이 오게 됨으로써 혹시라도 생길 수 있는 합동수사본부에 대한 견제도 막을 수 있었다. 중앙정보부장에 민간인을 임명해야 한다고 한 신현학 국무총리의 제언과 달리 전두환을 선택한 최규하 대통령에 의해 결국 전두환은 막강한 권력을 손에 쥐게 되었다. 그리고 5·17 비상계엄 확대 조치라는 쿠데타를 통해 모든 권력을 장악하게 된다.

태어나서는 안 될 정부

신군부에 대한 항거로 광주에서는 민주화 운동이 일어났다. 이때 광주를 중심으로 대규모 항거가 일어났고, 이에 대해 신군부는 무차별적인 강경 진압을 전개했다. 당시 전남대학교에서는 계엄령이 선포될 경우 이튿날 5월 18일 아침 학교 앞에 모인다는 약속이 이미 되어 있었던 만큼, 그 전날의 비상계엄 확대 조치에도 불구하고 시위가 이뤄질 수 있었던 것이다.

또한 김대중의 정치적 기반이었던 광주에서 저항이 거셀 수도 있다고 예상한 신군부는 과격한 초동 진압을 통해 이를 원천적으로 막고자 했다. 그러나 계엄군의 과격하고 잔인한 진압은 시민들의 반발을 불러일으켜 커다란 저항으로 이어졌다. 이에 대해 또다시 계엄군이 강경하게 대응하면서 수많은 시민이 희생되고 고통을 겪게 되었다. 과격한 진압으로 광주 시민의 민주화 요구를 억압했지만 전두환 정권은 그 때문에 출범 처음부터 통치의 정당성을 갖기 어려웠다.

한편 주요 정치 지도자들 역시 고통을 겪어야 했다. 김대중은 내란 음모 및 국가보안법, 계엄법 등의 위반 혐의로 구속되었고 군사재판에서 사형 선고를 받았으나 미국 정부의 도움으로 미국으로 망명했다. 김영삼은 가택 연금에 처해졌고, 정치 은퇴를 강요당했으며, 김종필도 부정 축재자로 몰려 재산을 환수당했다.

이때 신군부의 통치권을 확립하기 위해 '국가보위비상대책위원회(국보위)'를 만들었는데 사실상의 군사 내각이었다. 전두환은 국보위의 상임위원장을 맡았다. 이곳에서 공무원에 대한 숙청 및 언론 통폐합, 삼청교육 등을 실행했다. 신군부 중심의 권력 창출을 위한 정치적, 경제적, 사회적 토대를 마련하는 일을 국보위가 담당했는데, 당시 국보위는 말 그대로 무소불위無所不爲의 권력을 행사했다.

국보위로 모든 권력을 장악한 전두환은 얼마 지나지 않아 허수아비가 된 최규하 대통령을 밀어내고 통일주체국민회의 선거에 의해 1980년 8월 27일 제11대 대통령이 되었다. 이후 전두환 대통령은 제5공화국 헌법을 만들어서 1981년 2월 25일 선거인단 선거를 통해 제12대 대통령에 당선되었다.

이전의 다른 정권과 달리 제5공화국은 그들만의 독특한 특성 때문에 정의내리기 어렵다. 1979년 박정희 대통령의 죽음과 함께 당시 대다수 국민은 민주주의를 염원하고 있었다. 그러나 전두환을 비롯한 신군부는 총칼로 유신을 연장했다. 여러 정치학자들이 제5공화국을 "잉여剩餘 군사정권" "태어나서는 안 될 정부" "유신 체제의 아류" "박정희 없는 유신 체제"라고 평가하는 것도 그 이유에서다.

여야가 함께 다진
민주화의 초석

저항의 시대, 거세지는 투쟁의 열기

1980년대 대학가는 민주화 운동의 중심지였다. 사실 4·19 혁명 이후 박정희 정권에서나 신군부가 정권을 장악한 후에도 민주화 운동의 중심에는 학생들이 있었다. 전두환 정권은 대학에 대해 철저한 감시와 통제를 행했다. 이를 위해 심지어 경찰을 대학 내에 상주시키기도 했다. 그럼에도 대학생을 중심으로 한 전두환 정권에 대한 저항운동은 끊이지 않았다. 대학에서의 시위뿐만 아니라 점거 농성도 했다. 1984년 11월에는 여당인 민주정의당 당사에 대학생들이 진입하여 점거 농성을 벌였다. 1985년 5월에는 서울 을지로에 있던 미국 문화원을 점거했다. 광주 민주화 운동 당시 이들을 진압하기 위해 이동한 부대의 통제권이 미국에 있었기 때문에 이에 대한 책임을 공론화하겠다는 것이었다.

1986년 10월에는 건국대학교에서 전국의 29개 대학 2000여 명의 학생들의 점거 농성이 일어났다. 이 점거 농성은 사흘간 계속되었고 이후 1500여 명이 경찰에 연행되어 이 중 1287명이 구속, 400명이 기소되었다. 사법사상 가장 많은 사람이 구속된 사건이기도 했다. 이처럼 대학생들은 전두환 정권의 억압적 통치하에서도 민주화를 향한 끊임없는 저항을 계속해왔다.

그런데 이러한 학생들의 민주화 운동은 1983년부터 제도권 정치와 만나게 된다. 당시 정치 활동이 규제되어 있던 정치인들은 김영삼의 단식과 함께 민주화 운동에 참여하게 되었다. 1983년 5·18 광주 민주화 운동 3주기를 맞아 김영삼은 민주화 5개 사항을 요구하며 단식에 돌입했다. 가택 연금 상태로 아무런 활동도 할 수 없었던 김영삼은 단식으로 정치적 저항에 나섰다. 이와 함께 1980년 '서울의 봄' 때 갈라섰던 김대중도 미국에서 동조 시위를 벌이고 신문에 기고를 하는 등 김영삼에게 힘을 보탰다. 21일 동안 계속된 김영삼의 단식은 이처럼 과거 박정희 체제에 대항했던 야당 정치의 재결합을 이뤄냈다.

이전의 민주화 운동과 1987년 민주화 운동에는 본질적으로 한 가지 다른 점이 있었다. 바로 대안 세력의 존재 여부다. 김영삼의 단식 이후 1년이 지난 1984년 5월 김영삼의 '상도동계'와 김대중의 '동교동계' 정치인들이 다시 힘을 합해 만든 조직인 민추협은 제도권 정치에서의 대안 세력으로 부상했다. 야당 정치가 서서히 복원되면서 독재 정권 이후의 대안 세력이 만들어져가고 있었다.

민추협이 만들어지고 난 후 내부적으로 매우 치열한 논쟁이 벌어졌다. 1985년으로 예정된 총선거에 대한 참여 여부를 둘러싼 논쟁이었다. 선거를 거부하자는 쪽은 선거에 나가봐야 별 성과도 없이 들러리 서는 것에 불과할 것이라는 입장이었고, 선거에 나서야 한다고 주장하는 쪽은 어떠한 형태로든 정치적 기회가 마련된다면 이를 최대한 활용해야 한다는 입장이었다. 격론을 거듭한 끝에 최종적으로 새로운 정당을 창당해서 선거에 나서기로 결정한다.

이에 따라 앞서 설명했듯이 민추협을 토대로 신한민주당이 창당되었다. 그렇게 신한민주당은 1985년 총선거에서 돌풍을 일으키며 제1야당으로 부상하면서 전두환 정권이 마련한 정당 구도를 깨뜨렸다. 또한 총선 1년 후인 1986년 2월부터 돌입한 직선제 개헌 운동은 대통령 직선제라는 중요한 의제를 사회에 던진다.

이때의 민주화 운동이 4·19 혁명과 10·26 사태와 달랐던 점 중 하나는 바로 민주화 운동에 참여했던 사람들을 묶어낼 수 있는 정치적 의제가 설정된 것이다. 4·19 혁명과 10·26 사태 때는 이승만 정권과 유신 정권의 타도라는 제한적인 목적밖에 없었다. 즉 권력의 타도 이후에 나아가야 할 정치적 방향이 그때는 제시되지 않았다. 그러나 1986년부터 대통령 직선제라는 정치적 의제가 대안 정치 세력에 의해 제시되었고 이에 대한 지지를 규합할 대규모 서명 운동으로까지 이어지게 된다.

서명 운동으로 개헌에 대한 국민의 관심과 요구가 거세져가자 전두환 대통령이 1986년 4월 30일 여야 영수회담을 통해 개헌 논의를 수용하겠다는 의사를 밝히면서 여야는 국회에 헌법개정특별위원회를 설치하게 되었다. 사실 이때 김영삼, 김대중 등 정치인들은 대통령 직선제 개헌 이외에는 큰 관심이 없었던 반면, 학생들을 비롯한 노동운동이나 재야 세력들은 보다 큰 사회 경제적 변화를 원했다.

이와 같은 양측의 견해 차이는 1986년 5월 3일 인천에서 일어난 이른바 5·3 사태로 드러났다. 인천에서 신한민주당의 개헌추진위원회 인천 및 경기지부 결성대회가 예정되어 있었는데 노동, 재야, 학생 들로 구성된 시위대가 격렬하게 시위를 전개하면서 행사가 무산되고 말았다. 그러나 그 뒤 기대와 달리 국회 내에서의 논의가 진전을 보이지 못하게 되면서 신한민주당은 다시 장외 투쟁으로 노선을 바꿔 시민들과 힘을 합치게 되었다. 그리고 1986년 12월, 앞서 언급한 이른바 '이민우 파동'이 생겨나면서 신한민주당은 1987년 5월 통일민주당으로 재편되었다.

1987년이 되면서부터 정국은 요동을 쳤다. 1987년 1월 14일에 발생한 박종철 군 고문치사 사건을 통해 민주화 운동은 더욱더 거세지게 되었다. 영화〈1987〉에서도 잘 보여주고 있는 대로, "책상을 탁 치니 억 하고 죽었다"로 상징되는 경찰의 사건 은폐는 부검의의 증언을 시작으로 진실이 밝혀지기 시작해《중앙일보》에 의해 첫 보도되었으며《동아일보》가 이어받아 심층 보도하며 사건의 진상이 드러나게 되었다. 박종철 사건은 전두환 정권에 대한 저항을 더욱 거세게 만들었다.

신한민주당이 이끄는 직선제 개헌 운동에 박종철 군 고문치사 사건까지 발생했지만, 전두환 대통령은 4월 13일 1988년 올림픽 이전까지 개헌에 관한 모든 논의를 일체 금지하고, 현행 헌법으로 차기 대통령 선출하겠다는 내용의 4·13 호헌 선언을 한다. 그러나 이 발언은 전두환 정권에 대한 시민적 저항에 더욱 불을 지폈고, 지금까지 이를 관망만 하고 있던 중산층이나 온건한 시민들의 민심까지 바꾸는 결과를 가져왔다. 이제 호헌 철폐와 맞물려 직선제 개헌 요구는 더욱 무게가 실리게 된다.

이후 5월 18일 천주교정의구현전국사제단은 명동성당에서 박종철 군 고문치사 사건 축소 모의를 폭로하면서 전두환 정권의 도덕성은 더욱더 거센 저항에 부딪히게 된다. 이에 따라 전두환 대통령은 노신영 국무총리, 장세동 국가안전기획부장, 정호용 내무부장관 등 이른바 강경파들을 문책 인사로 경질하는 개각을 단행하지만 이미 걷잡을 수 없는 상황이 되어버렸다.

이후 '민주헌법쟁취국민운동본부(국본)' 주도로 민주정의당 대통령 후보 선출일인 6월 10일에 맞춰 고문 살인 조작 규탄 및 호헌 철폐 국민대회가 계획된다. 그러나 대규모

집회를 앞두고 전일前日 행사로 진행된 시위에서 연세대학교 이한열 군이 최루탄에 맞아 쓰러지면서 민주화 투쟁의 열기는 더욱 고조된다.

대통령 직선제 개헌을 이루다
6월 10일 민주정의당 대통령 후보 선출대회에서는 노태우가 대통령 후보로 선출된다. 그러나 국본이 국민적 저항일로 정한 이날 전국 곳곳에서 대규모 시위가 벌어졌다. 이러한 대규모 시위를 접하면서 이제는 전두환 정권 내에서도 대통령 직선제에 대한 타협의 필요성과 관련한 목소리가 나타나기 시작했다.

그런데 여기에서 한 가지 의문이 생긴다. 당시 경찰력만으로는 시위를 진압하기 어려운 상황이었는데도 왜 군을 동원하지 않았을까? 실제로 전두환 대통령은 주요 군 지휘관이 참석한 회의를 주재했고 군의 투입을 위한 준비도 지시한 적이 있었으나, 실제로는 군을 동원하기가 어려웠다.

무엇보다 '1980년 광주'의 경험은 많은 군인들에게 트라우마이자 부담이었다. 6월 항쟁이라는 대규모 시위를 막으려면 다시 총을 겨눠야 하고 피를 봐야 할지도 모르는 일이었다. 명예와 자부심으로 사는 군인에게 다시 국군이 국민에게 총을 겨누는 것은 피하고 싶은 일이었다. 사실 당시 군에 대한 국민의 이미지는 매우 부정적이었다. 군 장교들은 외출할 때 사복을 입는 경우가 많았다. 이러한 상황에서 과연 군을 동원했을 때 일사불란하게 지휘 체계가 유지될 수 있을지에 대한 의심이 있을 수밖에 없었다.

전두환 대통령도 이러한 점을 알았던 듯하다. 그는 회고록에서 "힘으로는 간단하다. 군대가 나오면 항상 쿠데타의 위험이 있어"라고 말한다. 전두환 대통령은 실제 쿠데타를 해본 사람으로서 그 위험성을 누구보다 잘 알고 있었다.

또한 당시 미국은 국무장관 조지 슐츠$^{George\ Shultz}$를 비롯한 여러 경로를 통해 전두환 정권에 군 투입에 대한 미국 정부의 반대 입장을 분명히 했다. 또 한편으로는 대통령 직선제를 받아들이더라도 승리의 가능성이 있다는 점도 고려되었다. 김영삼과 김대중이 후보 단일화를 이뤄내지 못하고 동시에 출마한다면 노태우의 당선 가능성은 충분히 있다는 판단을 했고, 결과적으로 그 계산은 맞아 떨어졌다.

이에 따라 전두환 정권은 대통령 직선제 요구를 수용하게 되었다. 그러나 이는 '타협'이었다. 한국의 민주화는 본질적으로 체제의 전복을 의미하지 않는다. 민주화 세력은 권위주의 세력에게 전면 항복을 요구할 정도로 강하지 않았고, 권위주의 세력 또한 민주화 세력의 요구를 전면 거부할 정도의 힘이 없었다. 양측의 힘이 일정한 균형점에 도달했을 때 두 세력은 정치적 경쟁 방식의 민주화, 즉 직선제 개헌으로 상징되는 공정하고 자유로운 선거라는 절차적 민주주의의 확립에 동의하게 된 것이다.

6·29 선언은 다음과 같은 내용을 담고 있었다. 여야는 합의하에 대통령 직선제로 개헌하고, 이를 바탕으로 대통령 선거를 진행해 1988년 2월 평화적으로 정부를 이양하기로 했다. 또한 자유로운 출마와 공정한 경쟁이 보장되어 국민의 올바른 심판을 받을 수 있는 내용으로 대통령 선거법을 개정했다.

김대중을 사면 복권하고 시국 관련 사범들을 석방할 뿐만 아니라 기본 인권 강화, 언론 자유 강화, 사회 각 부문의 자치와 자율 보장, 지방의회 구성, 대학의 자율화와 교육 자치를 보장하기로 했다. 여기에는 정당 활동 보장과 과감한 사회 정화 조치도 포함되었다. 그러나 6·29 선언 속에는 김대중을 사면 복권함으로써 김영삼, 김대중의 분열을 통해 직선제하에서라도 권력을 잡을 수 있을 것이라는 계산도 포함되어 있었다.

6·29 선언과 함께 한국은 민주화의 단계로 접어들게 되었다. 그러나 권위주의 체제와 민주화 운동 세력 간의 오랜 투쟁은 뚜렷한 승자를 만들어내지 못했고 합의의 내용도 정치적 게임의 규칙에 대한 것이 전부였다. 그런 점에서 민주화 직후에는 향후 어떻게 정치가 전개되어 나갈 것인지, 민주적 공고화는 제대로 이뤄질 수 있는 것인지에 대한 불확실성이 컸다.

김영삼과 김대중, 경쟁과 통합

민주화 이후 우리나라의 민주적 공고화 과정은 비교적 순탄하게 진행되어왔다. 앞서 언급한 대로 신생 민주주의 국가 중에서 드물게 성공적으로 민주적 공고화를 이뤘다. 그 요인을 어디에서 찾아볼 수 있을까?

무엇보다 당시 정국을 이끌었던 정치 지도자들에 주목해야 할 것이다. 노태우, 김영삼, 김대중, 김종필은 민주화 초기의 정치를 이끌었던 정치 지도자들이다. 물론 이들은 지역주의를 정치적으로 이용했고 정당을 사당화하는 등 여러 가지 비판을 받아야 할 점이 많았다. 그러나 이들을 제외하고는 민주적 공고화에 대해 설명하기는 어렵다. 그들 스스로는 의도하지 않은 결과unintended consequences였지만 이들의 정치적 선택과 경쟁은 민주적 공고화에 기여했다.

민주적 공고화를 이루기 위해 필요한 첫 번째 조건은, 정치적 경쟁 규칙에 대한 합의다. 쿠데타나 폭동, 선동에 의하지 않고 오직 제도에 의해, 자유롭고 공정한 선거를 통해 권력의 교체가 이뤄진다는 사회적 합의가 갖춰져야 하는 것이다. 그리고 이는 우리나라에서 민주화 이후 확실하게 지켜졌다.

1987년 대통령 선거에서 패배했지만 김영삼이나 김대중 모두 선거를 통한 자신의 당선 가능성을 믿고 있었다. 앞서 본 대로, 1971년 대통령 선거에서 김대중은 100만 표 정도의 차이로 박정희에 패배했지만 당시 선거 과정이나 개표가 아주 공정했다고 보기 어렵기 때문에 선거만 공정하게 치러진다면 자신이 대통령이 될 수 있다고 믿었다. 김영삼 또한 1978년 총선거에서 신민당에 대한 국민의 지지를 보았고 그것은 이듬해 자신의 총재직 당선과 유신 체제의 몰락으로 이어졌다. 그 역시 선거 정치의 동력에 대한

믿음이 있었다.

이 때문에 김영삼과 김대중 모두 선거에서 패한 후에도 결과에 승복할 수 있었다. 따라서 외부의 강경 세력이 민주화로 마련된 정치적 경쟁의 규칙이나 1987년 체제 자체를 흔드는 것을 용납하지 않았다. 자신들이 이 체제 내에서 집권할 수 있다고 믿었기 때문이다. 그리고 이는 민주적 공고화 제일의 조건인 정치적 경쟁 규칙에 대한 근본적 합의가 이뤄졌음을 의미했다.

두 번째 조건은 정치적 분극화나 분절화의 억제다. 정치가 불안정해지는 여러 가지 요인 중에 하나로 극단주의 정당들의 영향력 증대를 꼽을 수 있는데, 민주화 초기에서 좌파든 우파든 강경파가 득세하면 매우 위험한 상황에 처하게 된다. 실제로 우리나라의 민주화는 타협에 의한 민주화였기 때문에 민주화와 권위주위 세력 중 누구도 분명한 승자가 아닌 어정쩡한 상태였다.

따라서 이러한 결과에 불만을 가진 양측의 강경파가 주도권을 잡고 민주화라는 타협을 부정하게 되면 정치적 불안정은 초래될 수밖에 없었다. 실제로 앞서 언급한 5·3 사태도 이 과정에서 일어난 것이었다. '민주통일민중운동연합(민통련)', '서울노동운동연합(서노련)' 등 수천 명의 과격파들은 매우 자극적인 구호를 내세우며 반체제적인 입장을 강하게 표명한다.

민통련은 "군부독재 타도하고 민주정부 수립하자", 서노련은 "속지 말자 신민당. 몰아내자 양키놈" "가자! 해방구 인천으로" 외에도 "철천지 원수 미제와 그 앞잡이 깡패적 반동정권의 심장부에 해방의 칼을 꽂자" "학살원흉 처단하고 신민당 배격하자" 등 매우 자극적이고 과격한 구호를 내세우며 민주 헌법의 제정을 요구했다. 만약 이들이 민주화 이후의 정치를 주도해갔다면 권위주위 세력의 반발과 이로 인한 민주화의 퇴행은 뻔한 결과였을 것이다.

권위주의 세력에서도 전두환 대통령과 측근들은 강경한 입장을 유지하고 있었다. 더욱이 군대는 여전히 정치적 영향력을 지니고 있었다. 이들은 비록 정국 상황에 밀려 양보했으나 권위주의 체제가 변화하는 것에 대한 불만이 있었으며, 실질적인 민주적 개혁 조치에 대한 반감을 통해 반체제적인 인식을 유지하고 있었다.

실제로 김용갑 총무처장관은 1988년 8월 13일 기자 간담회를 자청해 "좌경세력에 강력 대처하기 위해 88올림픽 이후 국회해산권을 대통령이 갖도록 헌법을 개정해야 한다"고 주장했다. 또한 "우리는 지금 자유민주주의 체제를 수호하느냐, 통일을 앞세워 체제 전복을 기도하는 좌경세력에 대해 무력하게 뒤쫓아가느냐의 선택의 시점에 와 있다"고 말하기도 했다. 이러한 의견에 동조하는 구체제 출신의 인사들도 적지 않았다. 그러나 민주화 운동 세력이나 권위주의 세력 내의 강경파들은 얼마 지나지 않아 영향력을 상실했다.

김영삼, 김대중은 현 체제하에서 자신에 대한 지지를 최대한 높일 수 있는 방안을 고민하고 있었다. 김영삼, 김대중 모두 체제를 향한 구심적 경쟁centripetal politics을 이끌었으며, 극단주의 세력이 정치 질서를 불안하게 하는 것을 허용할 수 없었다. 오히려 김영삼, 김대중은 이러한 급진파들을 모두 체제 내부로 수용하기 시작했다. 강경파들 또한 민중당, 한겨레당 등 독자적 정당 건설에 모두 실패한 상황에서 점차 체제 내 정치의 중요성 인식하기 시작했다. 이들은 점차 안정화되는 선거 정치, 의회정치를 보며 제도권 안으로 들어오게 된다.

이때 김영삼과 김대중은 지지세 확대와 정통성 확보를

위해 경쟁적으로 재야 정치 세력을 편입시키고자 애썼다. 예컨대 김근태는 민주화운동청년연합 초대 의장 출신으로 1985년 민주당에 입당했고, 노무현은 국본 부산본부 상임집행위원장 출신으로 1988년 통일민주당에 입당했다. 김문수는 서노련 지도위원 출신으로 1994년 민자당에 입당했다. 이재오 또한 '전국민족민주운동연합(전민련)' 조국통일위원회 위원장 출신으로 1994년 신한국당에 입당했다. 2000년 국회의원 선거를 앞두고 김대중 대통령은 당시 '젊은 피 수혈'이라는 명분하에 당시 386세대 학생운동권 출신을 영입했다. 송영길, 이인영, 우상호, 임종석, 오영식 의원 등이 이때 정치권에 들어오게 되었다.

한편 권위주의 세력은 그 안에서도 온건파와 강경파 간의 갈등이 지속되었다. 그러나 이는 앞서 언급했던 3당 합당을 통해 사라지게 된다. 노태우 대통령은 3당 합당을 통해 안정적인 다수의 지지 세력을 확보하면서 전두환 대통령을 중심으로 하는 구권위주의 세력과의 거리를 둘 수 있게 되었다.

이를 통해 창당된 민자당은 구민주화 세력의 일부와 구권위주의 세력 간의 결합으로, 이는 권위주의 시대로의 회

귀 불가능성을 의미하는 것이었다. 앞서 언급했듯이 노태우 대통령은 자신을 민주적 정통성이 있는 대통령으로 구분해, 전두환 대통령과 차별화하고 싶어 했다. 정호용, 허화평 등의 일부 인사들이 반발하여 무소속 후보로 당선되기도 했지만 독자적인 세력화를 이루지 못하고 사라져갔다.

정당정치의 분절화를 억제하는 것 또한 중요한 과제였다. 정당정치의 분절화, 즉 지나친 정당의 난립은 곧 정치적 불안정의 또 다른 요인이 되기 때문이다. 민주화 직후 터져 나온 지역주의와 단순 다수제의 결합은 새로운 정당의 출현을 억제하는 결과를 가져왔다. 민주화 이후 때때로 선거에서 돌풍을 일으키는 제3당이 출현하기는 했지만 장기간 존속하면서 기존 정당 질서를 위협하는 존재로 남지는 못했다.

민주화 초기 정치적으로 불안정한 상황에서 지역주의는 정당정치의 분절화를 막았다는 점에서는 의미를 찾을 수 있다. 이에 따라 정당 간 이념 차이가 작은 3~4개의 정당이 온건 다당제 moderate pluralism 를 이루며, 정당 분절 fragmentation of party politics 이 억제되는 결과를 낳았다. 그러나 오늘날에는 앞서 지적한 대로 정당 체제를 폐쇄적인 카르텔 구조로 만들어 경쟁과 개방의 정치를 막는 문제점이 되고 있다.

김영삼 대통령의 군부 과거사 정리

권력의 공유는 민주적 공고화를 위한 세 번째 조건으로 볼 수 있다. 이는 특히 권력이 한 사람에게 집중되는 독재의 오랜 경험을 거친 우리나라 정치 역사에서 큰 의미를 지닌다. 민주화 초기 권력 공유는 총 두 번 일어났는데, 첫 번째가 앞서 언급한 3당 합당이다.

지역주의 정당정치에 따라 여소야대의 상황에서 노태우 대통령은 의회의 도움 없이 국정을 이끌고 나가기가 어렵게 되자 이전의 적이었던 김영삼에게 3당 합당을 제안한다. 이에 따라 노태우 대통령은 안정적인 다수 의석을 얻었지만, 그 대가로 김영삼에게 일정 정도의 권력을 넘겨주게 된다. 김영삼은 당 대표를 맡았고 노태우 대통령과 정기적인 회합을 가졌다. 이는 우리 정치사에서 최초의 권력 공유로 볼 수 있다.

두 번째 권력 공유는 이른바 DJP 연합에 의해 이뤄진다. 1997년 12월 18일 제15대 대통령 선거를 앞두고 김대중과 김종필은 공동 정부 구성을 합의하고, 당선 후 총리직을 비롯해 거의 절반의 내각 각료직을 자민련에 배당하기로 한다. 실제로 김대중이 대통령에 당선된 후 김종필은 국무총리가 되었고 자민련은 장관직의 절반을 차지했다.

DJP 연합은 대통령이 독단적으로 모든 것을 처리하기 어려운 일종의 연립정부 형태로, 한국 정치에서 드문 정당 간 협력과 힘의 공유가 이뤄졌다. 이러한 권력 공유의 경험은 그 이후에는 나타나지 않고 있지만 민주화 이후에도 지속되고 있는 대통령으로의 권력 집중을 막을 수 있는 대안으로 받아들여지게 되었다.

마지막 네 번째 요건은 과거사의 처리로, 모든 신생 민주주의 국가가 당면하는 가장 어려운 과제이기도 하다. 즉 과거 권위주의 시대의 과오를 어떻게 처리할 것인가의 문제다. 그리고 우리나라는 다른 나라와 비교했을 때, 비교적 완전한 형태로 빠른 시간 안에 이를 처리하는 데 성공했다. 앞서 민주화 제3의 물결을 말했던 헌팅턴은 신생 민주주의 국가에게 주어진 매우 어려운 과제로 고문관의 문제 torturer problem와 집정관의 문제 praetorian problem 두 가지를 제시한 바 있다.

고문관의 문제는 이전 권위주의 체제에서 나를, 혹은 내 가족이나 친구를 고문하거나 괴롭히고 심지어 죽음에 이르게 한 이들을 어떻게 해야 할 것인가 하는 것이다. 민주화가 되었다고 하면서 이전 정권에서 '나쁜 짓'을 저지른 이들에게 아무런 처벌도 하지 않는다면 피해자들의 불만이 클 수밖에 없다.

말하자면 과거사 문제를 어떻게 할 것인가 하는 문제다. 우리나라에서 여전히 문제가 되고 있는 친일파 청산처럼 과거사 처리는 적정한 시기에 해결되지 않으면 지속적으로 사회를 괴롭히는 주된 문제가 된다.

집정관praetorian guard은 로마제국 황제의 호위대를 말한다. 즉 집정관의 문제는 과거 정치에 깊이 개입했던 군부를 어떻게 탈정치화시킬 것인가에 대한 것이다. 이 두 가지 쉽지 않은 문제는 김영삼 대통령 시기에 모두 해결되었다.

김영삼 대통령은 5·16 군사 쿠데타 이후 첫 문민 대통령으로서 취임 직후 신임 대통령에 대한 기대와 지지도가 높은 시점에 군 개혁을 단행했다. 취임 후 채 보름이 되지 않은 1993년 3월 8일 군 최고위급 인사를 단행했다. 김진영 육군 참모총장과 서완수 기무사령관을 전격 해임했고,

4월 2일 안병호 수도방위사령관, 김형선 특전사령관을 보직 해임했다.

이들은 모두 전두환 등 육사 11기 일부가 주축되어 만든 군부 내 사조직인 하나회 출신으로 신군부의 핵심들이었다. 신생 대통령에 대한 정통성과 기대감이 가장 높은 시기에 강한 결단력을 통해 단행한 결과 김영삼 대통령의 지지도는 급격히 치솟았다.

다음으로 하나회를 척결했다. 우리나라의 군부 지배는 하나의 특성이 있는데, 바로 군 전체의 지배가 아니라 파벌의 지배라는 것이다. 특히 전두환 정권 때는 일부 파벌에 의해서 그 권력을 누렸는데, 이것이 바로 하나회다. 하나회의 실체는 1993년 4월 2일 하나회 명단이 용산구 군인 아파트에 뿌려지면서 공개되는데, 이로써 이들의 숙청이 본격화되었다.

신군부하에서 승진과 보직에서 혜택을 보았던 하나회 군인들이 빠져나간 자리를 그동안 소외받았던 장교들이 차지하며, 민주화 이후의 새 체제에 대한 군의 충성심은 훨씬 더 강해진다. 이와 함께 한국 정치에 오랫동안 개입해온 군의 탈정치화가 이뤄졌고 헌팅턴이 말한 집정관 문제도 상당한 정도로 해결되었다.

김영삼 대통령은 또한 12·12 군사 반란과 광주 진압에 대한 책임으로 전두환 대통령과 노태우 대통령을 재판에 세운다. 1993년 5월 김영삼 대통령은 12·12 군사 반란에 대해서는 '쿠데타적 하극상'이라고 규정했으며 '문민정부는 5·18 연장선에 있는 민주정부'라고 밝혔다. 그러나 당시에는 전두환, 노태우 대통령에 대한 처벌 의사는 없었다. 하지만 이후 우여곡절을 겪으면서 1995년 이들은 군형법상 반란 수괴 등의 혐의로 기소되었고, 결국 전두환 대통령은 무기징역, 노태우 대통령은 징역 12년을 선고받고 수감되었다. 2년 가까이 수감 생활을 했고 1997년 12월 대통령 선거 이후 김영삼 대통령은 이들을 모두 사면 복권했다.

그런데 이 재판이 갖는 의미는 매우 크다. 성공한 쿠데타 하더라도 사실상 국가 헌법을 문란하게 했다면 처벌을 받아야 한다는 중요한 관행이 자리 잡은 것이다. 또한 이러한 과거사 처리를 통해 광주 시민들의 명예가 회복되었다. 이로써 헌팅턴이 말한 고문관의 문제도 어느 정도 해결되었다.

이처럼 민주화 초기에 군을 탈정치화시킬 수 있었던 요

인은 크게 세 가지로 나눠볼 수 있다. 첫 번째는 김영삼 대통령 개인의 결단력이었다. 김영삼 대통령은 1961년 쿠데타 이후 첫 문민 대통령이라는 의미를 잘 알고 있었고, 취임 직후 대통령의 강한 정통성과 높은 인기를 정치적 자원으로 활용할 줄 알았다. 임기 초반에 전격적으로 고위 군 인사가 이뤄진 것을 볼 때 이미 취임 전부터 이에 대한 고려와 준비가 있었던 것으로 보인다.

두 번째는 군 내부의 갈등이라는 조직적 요인의 영향을 생각해볼 수 있다. 전두환 대통령은 1988년 노태우 정권의 출범을 두 달여 앞둔 1987년 12월 군 고위 지휘관 인사를 단행한다. 신임 대통령에 대한 예의가 아닐 것 같은 이러한 인사 조치가 행해진 것은 전두환 대통령이 노태우의 당선을 본인이 이뤄놓은 지배 체제의 단순한 연장으로 보았기 때문이다. 전두환 대통령은 기본적으로 민주화를 새로운 정치 질서의 출발로 간주하지 않았던 것이다.

그러나 앞서 언급한 대로, 노태우 대통령은 자신을 전두환 대통령과 구분하고 싶어 했다. 신군부의 주축인 하나회 역시 노태우 정부 출범 이후에는 이른바 9·9 인맥으로 불린 노태우 직계를 중심으로 재편되었다. 하나회가 군부 내 하나의 분파였다면 하나회 역시 전두환과 노태우의 파벌로 나뉘지게 되었다. 그런 만큼 파벌로서의 군은 상당히 약화되어 있던 상황이기도 했다.

군의 청산을 이끈 마지막 세 번째 요인은 당시의 정치적 맥락에서 찾아볼 수 있다. 바로 3당 합당 이후의 정치적 변화다. 3당 합당에 따라 김영삼은 과거 군부 권위주의 체제의 정당이었던 민정당과 합당했다. 그리고 민자당의 대통령 후보가 되었다. 하나회 등 정치화된 군의 입장에서도 김영삼은 더 이상 적이 아니었고, 김영삼의 당선을 돕는 것이 자연스러운 상황이 된다. 김영삼이 마음에 들지 않는다고 경쟁자인 김대중을 지지할 수는 없는 일이었다. 사실 민주화 이후에도 김대중에 대한 군부의 거부감은 매우 컸다. 이 같은 상황에서 '우리 편'이 된 김영삼 대통령이 군부의 과거사 처리를 통해 인사 개혁을 단행했고, 군은 이러한 개혁 정책을 받아들일 수밖에 없었다.

이처럼 노태우, 김영삼, 김대중, 김종필 등 민주화 직후의 정치 지도자들은 비록 스스로 의도하지 않았어도 정치적 판단과 행동을 통해 매우 불안정하게 출발한 한국의 민주주의가 비교적 안정적으로 자리 잡도록 하는 데 기여했다.

새로운 민주주의와 시민, 그리고 시민사회

광장의 정치가 시작되다

우리나라의 민주화는 30여 년의 역사 동안 꾸준한 개혁 추진을 통해 적잖은 성과를 거두고 강화되어 왔다. 민주주의에 대한 만족감은 증대되어왔으며 절차적 민주주의 또한 더욱 공고해지고 있다.

지금까지는 과거의 문제점을 치유하려는 데 집중하다 보니 민주주의의 원칙이나 가치의 구현 및 내재화에는 소홀했던 것이 사실이다. 따라서 이제부터는 적극적이고 건설적인 미래의 정체에 대한 목표 의식이 사회적으로 공유되어야 한다. 더 나은 민주주의를 만들기 위한 노력은 언제나 진행형이 되어야 한다.

절차적 민주주의를 넘어 심화된 민주주의로 나아가기 위해서는 폐쇄적 지역주의 정당정치를 극복하고 정치적 자유와 인권을 회복하려는 노력과 함께 사회적 격차를 줄이고 공정성을 회복하는 시도가 필요하다. 또한 대통령 1인에게 집중된 구조에서 벗어나기 위해 권력을 분산하고 각 기관의 자율성을 높이는 방향으로 제도적인 개선이 필요하다. 이를 위해 개헌을 통해 권력 구조의 개편을 논의하는 것은 하나의 방법이 될 수 있다.

무엇보다 '제도의 정치'가 제 역할을 해서 '거리의 정치'를 대신할 수 있어야 한다. 민주주의에서 시민의 정치 참여는 자연스럽고 바람직한 일이다. 그러나 거리의 정치로는 문제를 해결할 수 없다. 정당과 의회와 같은 제도의 정치만이 사회적 갈등과 이해관계의 충돌을 해결해낼 수 있다.

2002년부터 2016년까지 불과 12년 사이에 수백만 명의 사람들이 네 차례에 걸쳐 거리로 뛰쳐나왔다. 그것은 2002년 미국 장갑차에 사망한 효순, 미선 양 추모, 2004년 노무현 대통령의 탄핵 반대, 2008년 한미 FTA에 따른 미국산 쇠고기 수입 반대, 2016년 박근혜 정권 퇴진을 위한 촛불집회였다. 이러한 촛불집회는 공공 사안에 대한 시민의 관심의 표출과 정치 참여라는 점에서 민주주의에 긍정적이다. 하지만 거대한 집회가 이처럼 자주 발생한다는 것은 우리나라의 대의민주주의가 제대로 작동하지 못하고 있다는 것을 보여주는 것이기도 하다.

요즘에도 서울 광화문에는 시위가 끊이지 않는다. 이제는 국회의원들도 의회를 버리고 거리의 정치로 나간다. 거리의 정치는 문제 해결의 공간이 아니라 문제를 제기하기 위한 공간이다. 안 그래도 그동안의 촛불집회가 우리나라 대의민주주의의 취약함으로 보여주었는데, 국민의 대표자라는 국회의원들까지 의회 정치를 버리고 거리로 나간다는 것은 정말 심각한 문제다. 국회의원은 국회에서 문제를 해결해야 할 사람들이지 거리까지 나와서 일반인들처럼 문제를 제기해야 할 입장은 아니다.

사라진 독재의 신화

사회가 발전한 만큼 이제 통치 환경도 변화하고 있다. 그러나 우리는 지나치게 국가의 역할에 많은 것을 기대하고 있다. 그 근원에는 박정희, 전두환 대통령으로 대표되는 군사정권의 신화가 자리 잡고 있다. 경제 성장을 위한 국가 주도의 개발 시기에 정치는 실종되고 없었다. 대신 그 자리에는 효율성을 바탕으로 한 관료 주도 경제개발이 자리하고 있었다. 여전히 우리에게는 정치란 비효율적이고 이를 위한 비용은 소모적이라는 인식이 깊게 깔려 있다.

박정희 시대의 정책 추진 방식을 잘 보여주는 사례가 그의 대표적 업적 중 하나인 경부고속도로 건설이다. 경부고속도로는 1968년 2월 1일 착공해 1970년 7월 7일, 단 2년 5개월 만에 완공되어 개통된다. 요즘 같으면 2년 5개월이면 부지 매입도 다 하기 어려운 시간이다. 효율성을 제일의 가치로 내세운 권위주의 체제 아래 행정 위주의 사회에서나 가능한 일이었다. 그렇다면 행정의 효율성 대신 잃어버린 것은 무엇이었을까?

경부고속도로의 구간 중에는 역사적으로 중요한 유물이 묻혀 있는 곳이 있었을 수도 있고, 환경 보존의 차원에서 매우 의미 있는 장소가 있었을지도 모른다. 어쩌면 고속도로가 뚫리면서 마을이 두 동강이 났을 수도 있고 문전옥답을 헐값에 넘겨야 했을지도 모른다. 그러나 이러한 요구들은 공사 과정에서 전혀 반영될 수 없었다. 정권에서 하는 일에 대들었다가는 중앙정보부나 경찰에 끌려가서 험한 꼴을 당할 수 있기 때문이다.

경부고속도로의 건설과 큰 대조를 보였던 사례를 생각해보자. 이번에는 경부고속철 공사다. 2003년 10월 경부고속철 천성산 구간의 터널 공사를 둘러싸고 반발이 일어났다. 천성산 터널 공사가 그 지역에 사는 도룡뇽의 서식지를 파괴한다는 것이다. 이러한 갈등 속에 공사가 일시적으로 중단되었고 공사 재개에 대한 대법원의 최종 판결이 나올 때까지 무려 3년 가까운 시간이 흐른다. 박정희 정권 때라면 경부고속도로를 완공하고도 남을 시간이다.

과거 급속한 경제 발전이 놀랄 만큼 단기간에 이뤄질 수 있었던 것은 바로 독재자 박정희와 경제 건설자 박정희가 같이 만났기 때문이다. 독재라는 것과 국가 주도의 경제 발전이라는 것은 서로 떼려야 뗄 수 없다. 이러한 패러다임은 오늘날에는 결코 적용할 수도, 효과를 낼 수도 없다.

민주화 이후에는 시민사회가 활성화되면서 사회적 저항이나 반발 또한 강해지고 있다. 더욱이 우리 사회가 성장하면서 사회적 이해관계도 다양하고 복잡해졌다. 이제는 국가가 일방적으로 사회 전반을 계획하고 조정하고 이끌고 나가기는 어렵게 된 것이다.

한편 2008년 미국산 쇠고기 수입 반대 시위는 여러 가지 문제점에도 불구하고, 우리 사회의 의미심장한 변화를 보여준다. 과거와 같이 정치적인 거대 담론뿐만 아니라 우리 생활 주변의 먹거리, 안전의 문제가 정치적 의제로 설정될 수 있다는 것을 보여주었기 때문이다. 이전에 사람들의 관심을 끌었던 주요한 정치 어젠다가 인권, 자유, 민주주의 등 거시적이고 거대한 담론이었다면 이제는 생활과 관련된 이슈들이 정치적으로 중요한 대상이 되었다.

국가의 역할 vs. 시민의 역할

이제 국가의 역할은 점차 축소되고 있다. 민주화로 시민사회가 활성화되었고 세계화로 한 국가가 감당하거나 통제하기 어려운 일도 많이 생겨났다. 이러한 상황에서 국가의 역할에 대한 인식이 달라질 필요가 있다. 이제 국가는 예전처럼 효율적으로 움직이지도 않고 더 이상 전지전능하지도 않다.

일제강점기에 식민지 지배를 위한 통제기구의 구축으로 우리는 애당초부터 비대해진 국가기구를 이어받게 되었다. 그 뒤 전쟁을 겪으면서 국가기구는 더욱 커져갔고 권위주의 체제를 유지하기 위해 더욱 강화되었다. 국가가 기획하고 주도한 경제개발 역시 국가기구를 더욱 비대하게 만들었다. 이에 비해 시민사회, 민간 사회는 오랫동안 상대적으로 미약한 상태에 있었다.

예컨대 5·16 군사 쿠데타 당시 우리나라에서 가장 선진적인 문화와 조직을 갖고 있었던 것은 군이었다. 많은 장교들이 미군의 필요에 따라 미국 유학을 다녀왔다. 이 때문에 당시 군은 가장 선진적인 집단이었다.

그러나 오늘날 국가가 관할하는 공공 영역은 더 이상 효율적이지 않다. 국가기관보다 민간 기업의 효율성이나 창의성, 혁신 능력이 훨씬 뛰어나다. 전 세계 시장을 대상으로 제품을 팔아야 하는 기업의 시각이나 비전이 한 국가 내에 머물러 있는 국가기구보다 더 뛰어난 것이다.

또한 국가의 계획이나 주도 역시, 앞서 논의한 대로, 단임 대통령제나 관료제의 문제로 인해 더 이상 효율적이지도, 효과적이지도 않다. 이러한 시대적 변화를 받아들여야 한다. 정치인들과 공무원들이 이러한 변화를 이해하고 받아들여야 한다는 말이다. 그러나 관료 집단은 여전히 규제를 풀지 않으려고 하고 시장에, 민간 기업에, 시민사회에

지시하고 명령하고 통제하려고 한다.

한강의 자전거 도로에 문제가 생겨서 이를 해결하려고 할 때 그 문제의 해결책은 공무원이 더 잘 알까? 아니면 매일, 매주 자전거를 타고 그 도로를 지나는 시민이 더 잘 알까? 국가 주도의 한계를 깨닫고, 이제 국가는 민간 영역과 시민사회에서 나타나는 혁신과 변화를 담아낼 수 있는 플랫폼이나 지원자의 역할을 담당해야 한다. 예전처럼 '우리가 끌고 가겠다'는 생각은 시대적으로 더 이상 유효하지 않다.

이와 함께 시민의 자율성과 역량을 국가와 관료들이 믿어야 한다. 외국에 나가 보면 다소 위험해 보이는 절벽이나 가끔 상어가 출몰하는 해변에도 아무런 출입 통제 시설 없이 그대로 내버려둔 모습을 종종 볼 수 있다. 그 대신 다음과 같은 팻말을 만나게 된다. "Climb at your own risk." "Swim at your own risk." 추락할 수도 있고 상어를 만날 수도 있으니 조심하고 판단은 본인이 알아서 하라는 것이다. 이처럼 자유로운 선택에 대한 책임은 스스로에게 있다는 의미의 안내판만 부착되어 있을 뿐이다. 출입을 막아버리면 국가는 책임지지 않아도 될지 모른다. 그러나 대신 시민들은 산이나 해안의 아름다운 경관을 볼 수 있는 기회를 잃게 된다. 국가의 통제보다 시민의 자율성이 중요하다는 말이다.

시민의 역할이 중요해졌다. 국가가 모든 것을 할 수 없다면 시민 각자가 제 역할을 하면서 그 공백을 메워야 한다. 이를 위해서는 무엇보다 시민 교육이 중요하다. 나 혼자 편하거나 잘 살겠다는 것이 아니라 더불어 사는 삶, 남을 배려하는 삶의 태도가 필요하다.

공동체에 대한 일도 마찬가지다. 오래전에 신문에서 당시 미국 국무장관이었던 존 케리$^{John\ Kerry}$가 집 앞의 눈을 치우지 않았다는 이유로 지역 카운티로부터 과태료를 부과받았다는 기사를 읽은 적이 있는데 당시 이 기사가 무척 흥미롭게 느껴졌다. 미국 국무장관이면 해외에 머물 일이 많을 수밖에 없어서 집 앞의 눈을 치울 수 없는 것이 당연해 보였기 때문이다. 아마 그 지역 카운티의 조례에는 집 앞의 눈은 반드시 집주인이 치우도록 되어 있나 보다고 생각했다.

여기에서 생각이 조금 더 나아가 우리나라였으면 어땠을까 상상해보았다. 어느 집 앞의 눈을 쓸지 않아 지나다니기 불편했다면 우리는 누구를 탓할까 하는 의문 말이다. 아마도 대부분의 사람들은 구청이나 시청을 탓했을 것이다. 세금 냈는데 구청은 뭐하고 있나, 시청은 뭐하고 있나 비난했을 것 같다. 나 역시 그렇게 생각했다. 존 케리의 사례는 남을 위해 눈을 치운다는 아주 사소한, 그러나 그 마을 공동체를 위한 행동의 의무가 국가나 공공기관에만 있는 것이 아니라 바로 나에게, 시민 각자에게 있어야 한다는 교훈을 준다. 국가가 모든 것을 할 수 없다면 시민 각자가 제자리에서 할 수 있는 기여와 봉사를 해야 하는 것이다.

민주화 30년 이후 우리의 역할

제1차 세계대전 당시 총리였던 영국 자유당의 애스퀴스 Herbert Asquith와 제1야당이었던 영국 보수당의 총재였던 로 Bonar Law에게는 공통점이 있다. 두 사람 모두 영국의 명문 대학에 다니던 아들이 있었는데, 두 정치 지도자의 아들들은 제1차 세계대전에 참전해 모두 전사했다.

중국의 마오쩌둥의 아들 마오안잉毛岸英도 비슷한 사례다. 마오안잉은 한국전쟁에 중공군이 참전하자 이들과 함께 북한으로 와서 종군했다. 그리고 평양 부근에서 미군의 폭격으로 사망했다. 그 소식을 들은 마오쩌둥은 아들의 시신을 중국으로 옮기게 하지 않고 사망한 다른 많은 중공군들과 같은 방식으로 처리하도록 했다. 그래서 지금도 마오안잉의 묘소는 북한에 있다.

여기에서 우리가 얻을 수 있는 교훈은 무엇일까? 공공의 영역에 속한 사람들, 국가 지도자들, 우리 사회에서 보다 많은 혜택을 입은 사람들부터 먼저 모범을 보여야 한다는 것이다. 많이들 말하는 노블레스 오블리주 Noblesse oblige 다. 공동체와 관련해 희생하고 책임을 지는 자세가 무엇보다 필요하다. 미국의 35대 대통령 존 F. 케네디 John F. Kennedy 는 취임사에서 다음과 같이 말했다.

"친애하는 미국 시민 여러분, 국가가 여러분에게 무엇을 해줄 수 있는지 묻지 말고, 여러분이 국가를 위해서 무엇을 할 수 있을지 물어보십시오."

이 말이 우리 사회에 던지는 의미는 실로 크다. 지금까지 우리의 민주주의는 국가가 중심에 있었다. 우리의 민주화는 독재에 맞서 정치적인 권리를 얻어내기 위한 오랜 투쟁의 역사였다고 해도 과언이 아니다. 그러나 이제 민주화 30년이 지나면서, 정치에도 다양한 형태의 변화가 일어나고 있다. 시민사회도 상당히 강건해졌고, 제도적인 민주화

취임식에서의 존 F. 케네디 대통령

도 과거와 비교할 때 튼튼히 확립되었다. 그런데 여전히 우리의 의식은 모든 정치적인 책임을 국가 권력에 미루고만 있는 상황이다.

결국 민주주의가 확립되고 공동체가 발전하기 위해서는 시민 개개인이 주어진 일정한 역할을 주도적으로 수용하려는 자세가 필요하다. 선거 정치에 참여하고 정치인들이 공약을 잘 이행하는지를 감시하는 것을 넘어, 우리가 살고 있는 삶의 공간 속에서 각자가 무엇을 해야 하느냐를 이제부터라도 생각해야 할 것이다.

　국가에 모든 것을 의존해서는 더 이상 우리 사회의 발전을 기대하기 어렵다. 시민 개인이 공동체의 유지와 발전을 위해서 기여하고 봉사하는 마음을 갖는 것이 무엇보다 중요하다. 어떤 특권이나 예외 없이 우리 모두는 공동체의 존속과 발전에 책임이 있다. 사회적 약자에 대한 배려를 통해, '더불어 함께 사는 세상'을 만들어나가는 것이야말로 앞으로 우리나라의 민주주의가 나아가야 할 길이다.

Q 묻고
답하기 A

국민과 시민의 차이는 무엇인가?

시민이란 민주주의 체제하에 참정권, 즉 정치적 권리를 가진 개인을 말한다. 1992년 미국 LA에서 폭동이 일어났을 때, 코리아타운에 살고 있던 교포들은 시 당국의 적절한 보호를 받지 못해 더욱 큰 피해를 입었다. 여기에는 여러 이유가 있었지만, 가장 결정적인 이유는 한국 교포들 대부분이 당시 시민권이 아닌 영주권만 가지고 있었기 때문이다. 영주권만 가진 한국 교포들은 일반 생활을 영위하는 데는 불편함이 없었지만 투표에 참여해서 대통령, 상하원, 주지사, 주의회 의원, 시장, 카운티 지도자 등을 선출하거나 정치적 발언을 할 수 있는 권리가 없었다. 따라서 상대적으로 이들은 시 당국 등 선출직으로 구성된 공공 기관의 보호를 받지 못했다.

그만큼 정치적인 권리는 상당히 중요한 의미를 지닌다. 민주주의의 미래를 위해서는 제도로서의 대통령, 선거, 정당이 잘 확립되어야겠지만 무엇보다 시민의 권리와 책임의 범위를 잘 이해하고 행사하려는 노력이 반드시 필요하다.

국민이라는 용어는 국가의 일원이라는 의미가 더 강하게 느껴진다. 국가라는 전체에 속한 구성원이라는 함의 속에서 개인의 권리나 자유는 상대적으로 덜 중요해 보인다. 박정희 시대의 "우리는 민족중흥의 역사적 사명을 띠고 이 땅에 태어났다"로 시작되는 '국민교육헌장'은 국민이라는 단어 속에 담겨져 있는 국가주의적 색채를 잘 보여준다. 따라서 국민이라는 용어보다 시민이라는 용어를 쓰는 것이 더 적절해 보인다.

나가는 글
우리는 지금 어디에 서 있는가

지금까지 대통령, 선거, 정당, 민주화 등 네 주제를 통해 우리 정치가 걸어온 길, 우리 정치가 서 있는 자리에 대해 살펴보았다. 말 그대로 이리 굽고 저리 꺾인 우여곡절을 겪으며 오늘날까지 오게 되었지만, 지난날을 돌아보면 그래도 우리의 정치사는 자유민주주의의 제 모습을 향해 꾸준히 걸어왔다는 사실을 알게 된다. 이는 분명히 우리가 스스로 자부심을 가질 만한 성과라고 할 수 있다.

그럼에도 현재 우리가 서 있는 자리는 여전히 많은 문제점을 갖고 있다. 서두에서 말한 대로, 일상에서 만나는 정치는 매우 불편하고 짜증스럽다. 정치가 뭔가 제대로 작동하지 않고 있는 것이다. 이제는 그동안 걸어온 길을 되돌아

보면서 앞으로 나아가야 할 길에 대해 고민하고 올바른 방향을 모색해야 할 시점이다. 특히 이른바 '87년 체제'를 넘어서야 한다.

1987년 민주화의 헌법 개정은 결코 미래지향적 관점에서 이뤄진 것이 아니었다. 대통령 직선제에만 온통 주목하면서 우리의 정치체제에 대한 폭넓은 논의가 이뤄지지 못했다. 이 때문에 헌법은 일부의 내용을 제외하면 과거 시대에 기초해 있고 유신 체제와 전두환 정권 때의 내용도 충분히 걸러내지 못했다. 그때는 민주주의를 복원하는 것이 최대의 관심사였던 셈이다.

그리고 한 세대 이상의 시간이 흘렀다. 이제는 민주주의 복원의 차원을 넘어 한 단계 성숙된 민주주의를 향해 나아가야 한다. 효율적이고 안정적인 통치력, 사회적 다양성을 반영할 수 있는 통치 체제, 협력과 타협에 의한 정치, 장기적인 차원에서 국가 발전을 가능하게 하는 정치 시스템의 마련이 필요한 시점이다. 30여 년이 지났어도 여전히 지역주의에 기초한 폐쇄적인 정당정치, 무한정의 대립과 파행으로 점철된 의회정치, 그리고 그것을 가능하게 하고 있는 승자독식의 선거제도, 이 모든 것도 변화되어야 한다.

총론적인 수준에서 많은 이들이 이러한 변화의 필요성에 공감하면서도 정작 이러한 논의가 본격화되면 다시 정파적, 이념적 요인이 개입하게 되고, 기존 정치가 강요하는 편 가르기, 줄 세우기에 휩쓸려 정치 개혁의 논의는 종종 산으로 가고 말았다. 정치 개혁은 기존 정치의 기득권과 관련이 있기 때문에 현실적으로 이뤄내기란 말처럼 그렇게 쉽지 않은 일이다.

그런 점에서 2018년 3월 문재인 대통령이 일방적으로 개헌안을 만들어 제안하고 결국 폐기되고만 것은 아쉬움이 크다. 2016~2017년 촛불집회를 통해 근본적 정치 변화에 대한 폭넓은 공감대가 마련되었고 정치권 역시 이를 받아들여야만 했던 상황이었기 때문에 헌법 개정을 포함한 폭넓은 정치 개혁에 대한 추진력을 가질 수 있었다.

그러나 이 책에서 본 대로 우리 정치사에서 국민 사이에 폭넓게 형성된 공감대는 폭압적인 권위주의 체제하에서도 예외 없이 정치적으로 강하게 표출되었고 또 중요한 정치적 변화를 이끌어왔다. 그런 점에서 중요한 것은 변화의 필요성뿐만 아니라 변화의 방향에 대한 폭넓은 공감대를 마련하는 일이다. 변화의 방향은 어느 날 하늘에서 뚝 떨어지는 것이 아니라 우리 정치가 걸어온 길 위에서 모색해볼 수 있는 것이다. 이 책이 그런 공감대를 마련하는 데 조그만 도움이라도 될 수 있기를 기대한다.

주석

1. "당정협의회 행정관 무관", 《중앙일보》, 1970.8.31.

2. 김득중, 「1948년 제헌국회의원 선거과정」, 『사림』, 10, pp. 3~56, 수선사학회, 1994.

3. 스티븐 레비츠키, 대니얼 지블랫, 박세연 역, 『어떻게 민주주의는 무너지는가: 우리가 놓치는 민주주의 위기 신호』, 어크로스, 2018.

참고문헌

1. 강원택, 『한국정치론』, 박영사, 2018.

2. 강원택, 『어떻게 바꿀 것인가: 비정상 정치의 정상화를 위한 첫 질문』, 이와우, 2016.

3. 강원택, 『대한민국 민주화 이야기: 민주화를 향한 현대한국정치사』, 대한민국역사박물관, 2015.

4. 강원택, 『한국의 정치개혁과 민주주의』, 인간사랑, 2005.

5. 강원택·조성대·서복경·이용마, 『한국의 민주화와 민주화추진협의회』, 오름, 2015.

6. 김득중, 「1948년 제헌국회의원 선거과정」, 『사림』, 10, 수선사학회, 1994.

7. 박상훈, 『청와대 정부: '민주 정부란 무엇인가'를 생각하다』, 후마니타스, 2018.

8. 박찬표, 『한국의 국가형성과 민주주의: 냉전 자유주의와 보수적 민주주의의 기원』, 후마니타스, 2007.

9. 서희경, 『대한민국 헌법의 탄생: 한국 헌정사, 만민공동회에서 제헌까지』, 창비, 2012.

10. 이영록, 『우리 헌법의 탄생: 헌법으로 본 대한민국 건국사』, 서해문집, 2006.

KI신서 8775

한국 정치의 결정적 순간들

1판 1쇄 발행 2019년 11월 20일
1판 7쇄 발행 2025년 5월 22일

지은이 강원택
펴낸이 김영곤
펴낸곳 ㈜북이십일 21세기북스

서가명강팀장 강지은 **서가명강팀** 강효원 서윤아
마케팅팀 남정한 나은경 한경화 권채영 최유성 전연우
영업팀 한충희 장철용 강경남 황성진 김도연
디자인 THIS-COVER
제작팀 이영민 권경민

출판등록 2000년 5월 6일 제406-2003-061호
주소 (10881)경기도 파주시 회동길 201(문발동)
대표전화 031-955-2100 **팩스** 031-955-2151 **이메일** book21@book21.co.kr

㈜북이십일 경계를 허무는 콘텐츠 리더
___

21세기북스 채널에서 도서 정보와 다양한 영상자료, 이벤트를 만나세요!
페이스북 facebook.com/jiinpill21   포스트 post.naver.com/21c_editors
인스타그램 instagram.com/jiinpill21   홈페이지 www.book21.com
유튜브 youtube.com/book21pub

서울대 가지 않아도 들을 수 있는 명강의! 〈서가명강〉
유튜브, 네이버, 팟캐스트에서 '서가명강'을 검색해보세요!

ⓒ 강원택, 2019

ISBN 978-89-509-8431-1 04300
　　　978-89-509-7942-3 (세트)

책값은 뒤표지에 있습니다.
이 책 내용의 일부 또는 전부를 재사용하려면 반드시 ㈜북이십일의 동의를 얻어야 합니다.
잘못 만들어진 책은 구입하신 서점에서 교환해드립니다.

'서가명강' 시리즈가 궁금하다면 큐알(QR) 코드를 스캔하세요.

서가명강 서울대 가지 않아도 들을 수 있는 명강의

'서가명강'은 대한민국 최고 명문 대학인 서울대학교 교수님들의 강의를 엮은 도서 브랜드로, 다양한 분야의 기초 학문과 젊고 혁신적인 주제의 인문학 콘텐츠를 담아 시리즈로 발간하고 있습니다.

01 나는 매주 시체를 보러 간다 유성호 | 의과대학 법의학교실 교수
02 크로스 사이언스 홍성욱 | 생명과학부 교수
03 이토록 아름다운 수학이라면 최영기 | 수학교육과 교수
04 다시 태어난다면, 한국에서 살겠습니까 이재열 | 사회학과 교수
05 왜 칸트인가 김상환 | 철학과 교수
06 세상을 읽는 새로운 언어, 빅데이터 조성준 | 산업공학과 교수
07 어둠을 뚫고 시가 내게로 왔다 김현균 | 서어서문학과 교수
08 한국 정치의 결정적 순간들 강원택 | 정치외교학부 교수
09 우리는 모두 별에서 왔다 윤성철 | 물리천문학부 교수
10 우리에게는 헌법이 있다 이효원 | 법학전문대학원 교수
11 위기의 지구, 물러설 곳 없는 인간 남성현 | 지구환경과학부 교수
12 삼국시대, 진실과 반전의 역사 권오영 | 국사학과 교수
13 불온한 것들의 미학 이해완 | 미학과 교수
14 메이지유신을 설계한 최후의 사무라이들 박훈 | 동양사학과 교수
15 이토록 매혹적인 고전이라면 홍진호 | 독어독문학과 교수
16 1780년, 열하로 간 정조의 사신들 구범진 | 동양사학과 교수
17 건축, 모두의 미래를 짓다 김광현 | 건축학과 명예교수
18 사는 게 고통일 때, 쇼펜하우어 박찬국 | 철학과 교수
19 음악이 멈춘 순간 진짜 음악이 시작된다 오희숙 | 작곡과(이론전공) 교수
20 그들은 로마를 만들었고, 로마는 역사가 되었다 김덕수 | 역사교육과 교수
21 뇌를 읽다, 마음을 읽다 권준수 | 정신건강의학과 교수
22 AI는 차별을 인간에게서 배운다 고학수 | 법학전문대학원 교수
23 기업은 누구의 것인가 이관휘 | 경영대학 교수
24 참을 수 없이 불안할 때, 에리히 프롬 박찬국 | 철학과 교수
25 기억하는 뇌, 망각하는 뇌 이인아 | 뇌인지과학과 교수
26 지속 불가능 대한민국 박상인 | 행정대학원 교수
27 SF, 시대정신이 되다 이동신 | 영어영문학과 교수
28 우리는 왜 타인의 욕망을 욕망하는가 이현정 | 인류학과 교수
29 마지막 생존 코드, 디지털 트랜스포메이션 유병준 | 경영대학 교수
30 저, 감정적인 사람입니다 신종호 | 교육학과 교수
31 우리는 여전히 공룡시대에 산다 이융남 | 지구환경과학부 교수
32 내 삶에 예술을 들일 때, 니체 박찬국 | 철학과 교수
33 동물이 만드는 지구 절반의 세계 장구 | 수의학과 교수
34 6번째 대멸종 시그널, 식량 전쟁 남재철 | 농업생명과학대학 특임교수
35 매우 작은 세계에서 발견한 뜻밖의 생물학 이준호 | 생명과학부 교수
36 지배의 법칙 이재민 | 법학전문대학원 교수
37 우리는 지구에 홀로 존재하지 않는다 천명선 | 수의학과 교수
38 왜 늙을까, 왜 병들까, 왜 죽을까 이현숙 | 생명과학부 교수
39 인간의 시대에 오신 것을 애도합니다 박정재 | 지리학과 교수

*서가명강 시리즈는 계속 출간됩니다.